Héctor H. Hernández

Salvar vidas con el derecho penal

(Testimonio de un Defensor)

Incluye
"Creatura que no vendrás"
Poesía de Juan Luis Gallardo

Salvar vidas con el derecho penal
(Testimonio de un Defensor)
Héctor H. Hernández - 1a ed . - Ciudad Autónoma de Buenos Aires
Círculo Rojo, 2018.
165p. ; 20 x 14 cm.

ISBN 978-987-46401-6-1

Círculo Rojo Ediciones
1008 Ciudad de Buenos Aires
Tel.: +54911 4550 5842
union@lugardelibros.com
www.lugardelibros.com

Compuesto por #MCHFS
Tapa: Jack&Cooper Books
Imagen de tapa: La Matanza de los Inocentes de Guido Reni

Impreso por LA IMPRENTA YA SRL JULIO 2018

ÍNDICE

PARTE II

¿Te acordás cuando nos protegía?

PARTE III

Criatura que no vendrás

APÉNDICES

Al Movimiento Pro-Vida argentino

A la memoria del médico y general Jorge "Pipa" Olivera y
su señora Fanny Palacios de Olivera, Pioneros.

A Mónica Del Río, Ricardo Bach de Chazal,
Roberto Castellano, Nicolás Laferriere, y
a tantos más, Luchadores.

"Seguimos a nuestros mejores".

Nueva defensa del Derecho Penal con penas
Prólogo

Parece valioso decir que "el debate sobre el tema X es algo que nos debemos los argentinos", al evocar el diálogo enriquecedor de ciudadanos sobre los medios para lograr *bienes que se presuponen.* Por ejemplo, si se afirma que "nos debemos el debate del tema del genocidio" por quienes sepan algo del tema, o sobre el sarampión por los médicos y sanitaristas, estamos suponiendo *que no debe haber genocidios y que se trata de eliminar el maldito sarampión.*

Pero cuando jugando con fuego el Presidente Macri aplica la expresión al tema del aborto, todos entendemos que lo que se juega es si el Estado argentino va a "legalizar" el homicidio de los inocentes; que es peor que consagrar el "derecho al sarampión seguro, libre y gratuito". Él deberá rendir cuentas ante Dios y la Argentina de este infierno en que nos ha metido, y nada me importan cuáles diga que sean su palabra, en las que no creo, ni sus convicciones, que parecen dar para todo, a la vez, y para todo lo contrario, al mismo tiempo.

***

Desde hace más de veinte años vengo escribiendo en defensa del *derecho penal que aplica penas*, contra los que lo conciben como el que busca suprimirlas. Aunque Ud., y todo aquel que no sabe ni tiene por qué saber lo que pasa en el Derecho, no pueda concebir que haya abogados y jueces y profesores y universidades que sostengan que aplicar penas va contra los derechos humanos y la Constitución. Mi motivación primera en esa empresa intelectual fue la defensa de la vida del no nacido, al advertir que la Cultura de la Muerte utilizaba al Garantoabolicionismo y trampas suyas como la doctrina del fruto del árbol venenoso, para no castigar el aborto y dejar así sin defensa penal al pibe no nacido.

Porque defender el derecho penal es, querido Pero Grullo, propiciar la existencia de leyes que las establezcan, y que las penas se apliquen.

¿A quiénes? Pues a quienes cometen delitos. Aunque sean mujeres o varones, ricos o pobres. Es lo justo.

¿En favor de quiénes? En favor de las víctimas y de la propia comunidad y hasta de los propios infractores, a los que se intentará mejorar después, o incluso antes, de que el crimen se haya cometido.

Nunca me sentí demasiado comprendido por el Movimiento Pro Vida, que quizá se dejaba llevar por los denigradores del antipático derecho penal, o quizá pensaba que es mejor "actuar en positivo" y tal vez no estaban obligados a más. Pero en todo caso no comprendían cómo *las justas penas verdaderamente protegen altos valores humanos*. El derecho penal del aborto está en favor de los bebitos que se matan o que se matarán.

***

Aplicar las justas penas... Apelando a una sensiblería con la que no se puede legislar correctamente, se nos preguntará: ¿y si es la madre? Si la madre delinquió *es injusto* que haya desigualdad respecto de los otros infractores; ni ser madre, ni ser pobre, ni ser mujer habilitan ninguna discriminación injusta. Ni es justo que se discrimine al chico muerto en calidad de bien que la Comunidad protege haciéndolo sufrir *desigualdad* respecto de otras víctimas. Aplicarle la pena será la mejor forma de tomarla a ella en serio y ayudarla a cambiar de vida. Porque establecido el castigo en la ley, es posible que la pedagogía de su presencia con la noticia y sólo con la noticia de su intento de aplicación, incluso preventiva y sin llegar a aplicarla, o llegado el caso aplicándola, produzcan grandes bienes humanos. A demostrar esta utilidad con experiencia práctica está destinado este libro.

¿Y si por su situación la que delinque es inimputable? – Ya está puesto en la ley, es de sentido común y no hace falta innovar: según el Código Penal no se le aplica pena o ella se disminuye (art. 34, inc. 1; y los artículos 40 y 41 del Código Penal obligan al juez a atender todos los detalles para graduar las penas en cada caso y bien concretamente).

¿Pero si la madre no sabe bien lo que lleva adentro? - Ya enseñó Anzoátegui que casi lo único seguro en este tema es que la mujer conoce como nadie en el mundo que porta *un hijo*. Tanto que cuando aborta dice, por ejemplo, que no quiere tener más de ellos; y los hijos no son perros ni gatos ni enfermedades ni lombrices, sino entes de la especie humana. De modo que, en general, hay en ellas conciencia privilegiada de qué se trata. Y Morelli escribía que ninguna mujer le pone un nombre de pila a una víscera como sí lo hace con Francisquito, sólo concebido, o con Juanita, ambos personajes del cuento que les contaré, que esperaban nacer.

***

Ya verán que "El Rey del Aborto" confesó que enfrentamos a un adversario con una particular táctica, que como nadie es insensible a una madre que muere, en substitución de argumentos que no tiene incluye agrandar cifras de madres muertas, para legalizar una especie de "filosofía de Hobbes en el Estado de naturaleza". ¿Qué decía ese filósofo? Que el derecho natural es la libertad de cada uno para hacer lo que quiera y pueda, como lobo que mata al otro lobo.

Negaba toda moral. (Pero ¡con los lobitos no se metan, eh!... Eso en el "estado de naturaleza").

***

Un adversario que exhibe una lógica legislativa desopilante que nos da vergüenza argentina, lógica tan traída de los pelos que, si se saca el sensibilismo de las chicas muertas usado como argumento para matar pibes, uno no necesita detenerse en ella. A ver si se entiende. Voy a poner en una columna la lógica de la diputada X, que responde exactamente al esquema argumental exhibido por el abortismo argentino, muy copión porque en todos los lados obra igual, y en otra una eventual poesía de la misma diputada.

Lógica desopilante

Razonamiento de la diputada abortista cuando quiere legislar	Razonamiento supuesto de dicha diputada cuando se le dé por la poesía
*31 mujeres mueren por abortos autoprovocados al año **Luego*, hay que reconocer el derecho humano de las madres de matar a sus hijitos.	"Espuma de leche hervida Cuatro ruedas tiene el coche El sol no alumbra de noche Pobre mi madre querida"

Nada que ver.

***

El maravilloso Movimiento Provida se ve enfrentado a un Poder internacional feroz y hay mucho dinero para legalizar la muerte y propiciar el negocio del aborto. Ya Roberto Castellano y Arturo Quarracino, entre otros, nos han alertado sobre el imperialismo geopolítico y económico que hay detrás del tema. Cosa confesada por un prominente abortista del país (V. Apéndices, en especial el 2).

Pero el peor obstáculo sería que cierto sector dirigente, que rehúye la lucha teniendo poder para darla con eficacia, fundado en "ser positivos", tardíamente se introduzca en una que omite librar, como ha pasado tantas veces, para traicionarla. Y que nos imponga transacciones o males menores que significarán la derrota total. O victorias a lo Pirro, como pasaría si se suprimiera injustamente y por pura sensiblería toda pena para la madre que en justicia se lo merece.

El Movimiento, a mi criterio, debe ser estrictamente patriota y *laical*, y no puede ceder posiciones cuando está defendiendo la mejor y la más convincente de las causas sin transacciones. No se puede matar al inocente que es más inocente por nada del mundo. Y no puede retroceder admitiendo que no se apliquen penas *a todos los que delinquieron,* porque la despenalización de la mujer que mata implicará ya o a corto plazo la despenalización total y la desprotección de ella y del hijo y de la Argentina, y una desigualdad injusta. Por una especial dinámica propia de los ambientes tribunalicios y legislativos, será un acercamiento al objetivo de consagrar el crimen cual si fuera un derecho.

¿Ud. sabía que en 1966 se dictó un fallo plenario, es decir que obliga a los jueces inferiores a seguir su doctrina, por las Cámaras del Crimen de la Capital Federal, que declaró que la (supuesta) infracción del secreto médico hacía imposible procesar a la mujer que abortó? Yo hace rato que estoy en el tema, pero recién en estos días volví a recordar que esa sentencia decía algo más: que había que seguir la causa "*respecto de sus coautores, instigadores o cómplices*". Pero a eso nadie le llevó el apunte y el fallo sirvió para derogar prácticamente en la Ciudad de Buenos Aires la persecución penal *contra todos los que son causa del aborto*, no sólo contra la madre. *Piedra libre a Herodes.*

Porque hay en efecto cierto funcionamiento del mundo del derecho que ni los legisladores ni los teólogos suelen conocer, y que no se cambian con palabras en las leyes. Una de ellas la que acabamos de referir: cuando llegaba un caso de aborto en los tribunales de la ciudad de Buenos Aires, el más ínfimo de los empleados ponía un sello archivando el asunto, que le hacían firmar al juez entre una parva de expedientes invocando aquel plenario, llamado paradójicamente *"Natividad Frias"*, olvidándose de la otra parte de la sentencia, esto es de seguir contra los otros que fríamente causaron la muerte. El Plenario había dado un mensaje, deteriorando la fuerza psicológica de la pena, y la pereza burocrática hacía lo demás.

Para dar otro ejemplo, supongamos que si algún legislador iluminado pretende acelerar los juicios acortando en la ley los tiempos judiciales, y en vez de que el plazo para presentar un escrito, por ejemplo de apelación, sea de 10 días, pone 2, el primer abogado al que le toca contestar algo se pone de acuerdo con el otro: "¿prorrogamos los plazos?". Y hacen de goma la norma, con toda razón, porque no dan abasto con su trabajo. Y ningún juez en el mundo tiene tiempo ni ganas ni posibilidades como para enderezar eso.

Otro: en época de gobiernos militares se sancionó el proceso de mutuo acuerdo para el juicio de separación sin divorcio vincular. Pero el jurista Alberto Molinario, contra los teólogos teoreticistas despistados que aprobaron la reforma porque "no se afectaba el vínculo", advirtió que iba a ser un paso a la disolución matrimonial. Así sucedió. Cuando, para aparentar poner límites al divorcio vincular, se establecieron en la ley dos audiencias previas de conciliación tratando de evitar la sentencia, la mayoría de las partes y de los jueces la redujeron a una, y luego a ninguna, hasta invocando razones constitucionales. El mensaje de la ley y la idea de los ideólogos y de la cultura hegemónica era que el rompimiento matrimonial era un bien jurídico protegido por el derecho argentino. Los trámites judiciales empezaban a aparecer como un mero estorbo y esto hacía presión a avanzar siempre más en la disolución de la familia, a veces invocando razones de practicidad.

En estos temas el legislador ha de tener en cuenta no sólo la moral teórica que analiza las palabras de la ley, *sino la realidad que la ley debe regular*. En las circunstancias de esa realidad está esa dinámica propia de las leyes, los tribunales y la gente.

El mensaje de una ley de aborto con aquellas aludidas transacciones o males menores que rechazamos, será que el abortismo celebrará un paso más hacia el objetivo de la matanza libre de inocentes y el negocio irrestricto.

***

Por esa dinámica propia de los tribunales, ni el Movimiento Provida ni los legisladores ni los argentinos pueden tomar en serio los simulacros de limitaciones al aborto que se ponen para los proyectos, ni dar demasiada batalla contra ellos. *Porque no se cumplirán nunca ni se pueden cumplir.* Veamos.

Supongamos que una ley aprueba el aborto hasta los 14 semanas y alguien ve que se está produciendo la occisión del gurí a las 15 o 16. Si cuando las madres que quieren tener sus hijos nunca terminan de saber desde cuándo fue la concepción, cuando conoce fecha de su menstruación y de sus relaciones sexuales, ni tampoco aciertan sus médicos de cabecera que les llevan el control en la computadora y conocen todo, ¿cómo puede saberlo la Justicia?

Pero, antes que eso, ¿a quién irá el trasnochado fiscal o denunciante a denunciar que una chica está abortando fuera del plazo legal? Los policías, o los fiscales, o los jueces, le dirán al insólito impensable loco justiciero: "¿Ud. no sabe que se aprobó la ley que habilitó Macri y ahora se permite todo?"

Cuando una ley penal, sobre todo en este tema, pone muchas excepciones para aplicar la pena, y el delito previsto pasa a ser la excepción, nos deja sin juez ni estructuras ni mentalidad para aplicarla. Supongamos que se pongan cinco requisitos para poder penar el delito de robo, y Ud. va a la Policía a denunciar que le robaron. "Espere, señor, no es sencillo saber si el robo está reprimido en nuestro país", le espetarán con el viento a favor de la pereza burocrática. Y Ud. tendrá que hacer un antejuicio para que le den curso a la denuncia de una rueda de su auto. "Así no vale", concluirá Ud. y se irá refunfuñando contra el Estado.

Pero supongamos lo imposible: que se haga una denuncia por aborto y un ejército de policías, funcionarios, médicos, fiscales y jueces se desplieguen y prueben algo sin violar demasiadas intimidades. Los defensores de las imputadas responderán con *las otras causales* que dan para todo: "es que le molesta el chico y esto configura un daño a su salud psíquica"; "es que se fue su pareja y la pobre quedó sola, ¿vio?", y zafarán con aquéllas, que son artilugios para que el zonzaje de los legisladores ignorantes que tienen todavía algún escrúpulo de algo lo aprueben, sin ni siquiera necesitar un certificado médico falso.

Y si por una hipótesis imposible el juez avanzara, sacarán a relucir el derecho humano a matar y la jurisprudencia de la Corte y de las Cortes y los antecedentes e irán a todas las Cortes y a intentar remover a estos jueces locos de remate que hay que poner presos por homofóbicos, discriminadores que practican violencia de género, herejes que no aplican la nueva religión (hay que leer a Sanahuja) y le tirarán encima la inquisición de la religión del INADI. *Y tendrán detrás a las Naciones Unidas, a la OMS, al estipendiado CELS y a las dolarizadas "Católicas por el derecho a decidir", y a todos los dólares y euros del mundo y a todos los amanuenses abogados para su tarea y a mil oficinas en cada Municipalidad, como sucede en*

Rosario, que trabajan para Herodes. (En los Apéndices damos algunos datos sobre imperialismo demográfico y plutocrático). Debatir sobre estas trampas sería entrar en el juego.

De lo que se trata aquí *no es ante todo* de la despenalización, palabra bajo la cual el abortismo y el periodismo cómplice colocan el debate para sensibilizar con las supuestas pobres chicas pobres, pobres mujeres y muertas mujeres pobres, sino de la consagración de la occisión del inocente más inocente del mundo como un derecho de la madre, y como un bien humano protegido por el Estado. Ahí está el núcleo. Pero *si no propiciamos penas para todos los que delinquen, quedará "legalizado" el holocausto con la despenalización y prácticamente se entenderá "logrado el derecho".* O más cerca de él. Porque esa es la dinámica en estas cosas.

***

Sin ignorar todos los problemas humanos que con el aborto se plantean, *desde el punto de vista del juicio de razonabilidad jurídica la cosa se reduce a un argumento y a un presupuesto,* y lo demás serán cuestiones segundas. Si hay en la panza de la mujer embarazada un ser humano inocente (presupuesto) y hay un principio que dice no matar a otro ser humano inocente por nada del mundo y si todos los hombres merecen el mismo respeto (argumento), *no puede haber seres de primera y de segunda y no se puede matar a los chicos no nacidos.*

Por algo el Herodismo le escapa a analizar el tema de cuándo comienza la vida humana y contesta con vaguedades o ridiculeces. (Es persona si es poeta; como la cosa se discute entonces matemos; ser persona es una construcción mental; son cosas de la maldita perversa homofóbica medieval Iglesia Católica). *Nuestro principal y central y decisivo y claro argumento es que no se puede matar al inocente.*

Hacerlo es algo que clama al cielo, como la sangre de Abel; un absoluto moral; sin excepciones. Y no se puede hacer algo intrínsecamente malo como matar a un solo inocente solito y se salve a cambio la vida o la salud de 100 o 200 o 1.000 madres, mujeres y paupérrimas, aunque esto es una nueva mentira y, en todo caso, un albur raro. Por eso los Herodianos rehúsan también contestar a las cifras que damos sobre la rareza de muertes maternas por abortos provocados, y la rareza de embarazos por violaciones. Las personas humanas no son cosas en que pueda haber un "balance cuantitativo" o un *"clearing de valores"*. Ahí está todo.

***

Puesto el problema en su lugar, la trampa de los seguidores de Herodes consistente en aumentar cifras para sensibilizar, o decir que el aborto no se detiene a pesar de las penas, *no tiene ningún valor jurídico argumentativo*, como lo reconocía un defensor de la vida como el ateo socialista senador italiano iusfilósofo Bobbio (V. Apéndice). Pero de todos modos, acorralados por Mónica del Río nos hicieron una "rebajita", y *en subsidio* es bueno recordarlo. Y recordarles la poca seriedad que tienen, porque la campaña y los proyectos empezaron en 2018 inflando números; y también evidenciar que no existe ni siquiera ningún problema acuciante tremendo urgente de salud relacionado con abortos, y sí en otros rubros, con verdaderas enfermedades desatendidas.

***

Pero si por hipótesis pudieran hacerse aquellas compensaciones, que son prohibidas en atención a la dignidad humana y a la intrínseca maldad de la muerte de un inocente, como las leyes son generales los legisladores deberán atenerse a los grandes números. Y si las estadísticas dijesen que es más peligroso un aborto doloso que un parto, *los mismos principios* que aduce el Herodianismo con las inventadas pobres mujeres que viven abortando clandestinamente, *nos harían proponer una legislación que busque consolidar el embarazo y jugarse al parto.* (V. Apéndice. Aunque si quisiesen en serio la salud de las mujeres aprobarían el Proyecto de la Red Federal de Familias). No es argumento principal para nosotros, pero destruye el argumento abortista.

***

Pero, ¿de qué trata este libro?

Como contribución a un debate inexistente, para ayudar a los legisladores de bien y al Movimiento Provida, en este libro les cuento en dos Partes algunas experiencias en donde se ve que el derecho penal puede servir para lograr grandes valores humanos. *La cuestión es aplicarlo.* Y la Tercera créanme que es la mejor.

En los numerosos pero breves apéndices, desarrollamos algunos puntos para ubicarse en la cuestión tratando, entre otros, las pistas que nos dio el "Rey del Aborto" contándonos antaño lo que el abortismo ejecuta fielmente hogaño; las razones de Sanahuja y Castellano denunciando el imperialismo demográfico y la rendición argentina; el famoso mensaje de la Madre Teresa, con el cual coincide el periodista Morales Solá y me sorprende; y alguna destrucción de falsedades estadísticas, entre otros aportes, en los que tuve mucha ayuda.

La mejor parte del libro es obra de un notable poeta y gran argentino, al que agradezco mucho que me lo mejorara.

"Criatura que no vendrás a nuestro suelo argentino
Si el Parlamento aprobara cierto proyecto asesino".

San Nicolás de los Arroyos,
Corpus Christi, junio de 2018.
AMDG

PARTE I

Salvar vidas con el Derecho Penal

Les voy a contar un cuento que es verdadero,
en varias escenas; y luego haremos algunas reflexiones.

Capítulo 1
Un cuento que es real

Escena 1 (Martes: en mi casa)

Fue el día martes 14 de mayo. Me telefonea Ana La Provita y me dice:

"Pasado mañana jueves, en calle Falcón entre La Rioja y la que sigue, a media cuadra, a una chica le van a hacer un aborto a las 10 horas. Vos que sos de la Justicia, ¿qué se puede hacer?".

"¿Vos cómo lo sabés?".

– "Por una amiga común, Julieta".

"¿ Y qué hicieron ustedes?".

–"Yo no la conozco, pero Julieta la habló, la aconsejó... y no hay caso".

"¿Y la madre de Marta (la mujer decidida a abortar)?".

– "La madre le aconseja, le ordena, que aborte. Ya abortó dos veces; ésta sería la tercera".

Yo balbuceaba cosas como:

"Yo soy defensor federal y ésas son cuestiones de la justicia provincial". Y pensaba... "¿No es posible hablar con la chica?"; sin mayores esperanzas de que en la llamada Justicia se haga algo.

***

Ana no quería o no podía firmar una denuncia.

Entonces, recordando la obligación que yo tenía como funcionario público de denunciar noticias de delitos conocidos en ejercicio de la función, le sugerí:

"Poneme lo que me decís por escrito sin firmarlo y yo como funcionario público hago conocer la denuncia".[1]

***

¿Alguno puede tener esperanzas de que en la Argentina la llamada "Justicia" combata el genocidio del aborto?

***

Escena 2 (Miércoles 15 de marzo; en Defensoría)

Al día siguiente me hace llegar una esquela sin firma que anoticiaba del hecho. Elaboré una presentación ante la Fiscalía provincial poniéndolo en conocimiento del funcionario público competente:

> "Una persona que no quiso la identificara llamó telefónicamente a mi domicilio el día de ayer informándome que una partera o enfermera con domicilio o con sede en calle Falcón, entre calle La Rioja y la siguiente de esta ciudad, realiza habitualmente abortos, al extremo de que otorga turnos con cierta anticipación y atiende una numerosa clientela".
>
> "Una mujer que acudió a ella para practicar el citado acto ilícito no pudo obtener turno para los días pasados, pues la práctica parece ser abundante, y le fue concedido para el día de mañana jueves, a las 10 de la mañana".
>
> "Se practicaría con el método de inyección salina y se cobrarían cuatrocientos pesos por cada muerte de niño no nacido practicada".
>
> "En definitiva, mañana 16 de marzo a las 10 horas se practicaría, entre tantos otros, un aborto en calle Falcón cerca de La Rioja de esta ciudad" (San Nicolás de los Arroyos).

***

¿Alguien puede tener esperanzas...?

***

1 Fui Defensor Federal en mi ciudad desde 1992 hasta la jubilación, 2016.

Pensé que era mejor ir personalmente llevando la denuncia, con mi Prosecretario, y que firmáramos los dos y con sellos y membrete de la Defensoría.

¿Triunfaría la burocracia o la justicia?

Antes conversé el asunto con un juez amigo, para que anticipara a los chicos de Fiscalía mi llegada y su objeto. Yo había tenido un día para pensar el asunto y no quería sorprender a los jóvenes funcionarios.

***

Escena 3 (En el edificio de los Tribunales, sede entonces de Fiscalía provincial, el miércoles)

Arribo con el Prosecretario, conversamos con la colega fiscal. Saludos de rigor. (Nos conocemos en el pago). Cordialidad..., sí, pero primer balde de agua fría:

"Doctor: tenemos órdenes de la Procuración General de no recibir denuncias anónimas".

– Yo pensé: "Va ganando el abortismo burocratista".

***

De todos modos ha de saberse que no se pueden tomar denuncias anónimas como si fueran testimoniales en forma y por ellas condenar a nadie; eso no sería serio. Pero que si la hay (denuncia anónima), el hecho mencionado no se puede dejar de investigar. En Derecho decimos: "no hay testimonial o denuncia en forma, pero hay *´notitia criminis´*".

Sin recordar al momento esa doctrina, repliqué que la denuncia que yo hacía llevaba una firma grandota, la mía, y la del Prosecretario Luis Jorge Re, y con los debidos sellos y membrete de la Defensoría Federal.

***

Seguimos la conversación. Ella pensaba. Yo pensaba lo que ella pensaría y lo que me diría y lo que yo le contestaría, pero todo esto era sólo para adentro, y para afuera sólo atiné a pergeñar estas voces:

> "Yo lo que sé es que mañana, sí, mañana, a las 10 horas, en calle Falcón a media cuadra de La Rioja mediante una inyección salina, a cambio de cuatrocientos pesos, se va a cometer el delito".

No sé si la colega entendió que había como una ironía de fondo ("lo primero es evitar la muerte del chiquitito, no me vengas con requisitos"), pero en realidad creo que se lo dije muy respetuosamente. En mis oídos lo que yo decía me sonaba a algo así como "el remate será en...no se suspende por lluvia"... O "el baile no se suspende por lluvia; damas gratis". "La banalización del aborto" es un tópico de nuestra época, y de tanta ideologización la palabra va perdiendo su significado terrible.

La cosa es que iban a matar un chico allí en calle Falcón, mañana, y todo lo demás. Homicidio prenatal.

***

El caso es que ella no insistió en "la orden de no recibir denuncias anónimas". – Aparece un motivo de esperanza en el horizonte.

Pero las cosas modularon hacia la cuestión de la competencia. . "Yo soy competente hoy, pero la denuncia Ud. la recibió ayer y el delito será mañana". Ella iba pensando, con toda razón, en voz alta los problemas que había que ir resolviendo y, en atención a la colegalidad y relación, me los hacía conocer.

De ahí en adelante, como un sonsonete, yo ensayaba para mi adentro y para mi afuera más o menos esto, que me parecía que podría tener eficacia:

"Pero quizá el fiscal que era competente ayer no lo es hoy y no lo será mañana, y el delito se va a cometer precisamente mañana, a las 10 horas, en calle Falcón, a media cuadra de La Rioja, de nuestra San Nicolás de los Arroyos, mediante inyección salina y a cambio de cuatrocientos pesos". (Y sólo para mis adentros, lo dicho me sonaba con un ritmo patético: "está feliz en el útero, mañana le aplican seguro la pena de muerte a un inocente". Un aborto seguro).

***

Escena 4 (En la Secretaría General de la Fiscalía, el mismo miércoles)

La cosa se orientaba felizmente a qué oficina ir. Gentilmente la colega me indicó la Secretaría de la Fiscalía General, donde se encauzaría el asunto por la vía competente.

La otra funcionaria, también obviamente conocida, nos atendió, como la anterior, muy bien; tomó el asunto, le puso cargo al escrito; su cordialidad y antecedentes no lograron borrar mi pre-juicio y pesimismo y, cumplido el objetivo, me tuve que ir nomás. Yo no sabía cómo quedarme para sugerirle cosas, para asegurar el resultado. Pero...

¿Le voy a andar diciendo a ella, porque soy abogado viejo, lo que tiene que hacer? Sería una manifiesta impertinencia. Además, ella lo sabe mejor que yo. Y volví a mi oficina, a 7 cuadras de allí.

***

Escena 5 (En mi Defensoría de nuevo)

Telefoneo a Ana y le digo: "... Pásenle los videos sobre el aborto". – "Ya se los pasaron", contestó.

"Hagamos una ´vaquita´ y prometámosle ayuda..."

- "...Todo eso ya está hecho y nada ...".
"De la (llamada) Justicia no esperés nada...".

***

Creía haber cumplido con mi deber de funcionario público pero no...

La conciencia siguió actuando en mí: "¿Qué hago? Como ciudadano común voy a hacer legítima defensa de un tercero inocente a quien van a trucidar seguro mañana seguro [no es error de tipeo señores correctores]; hago un escándalo en el lugar. Van a matar, seguro, a un pibe chiquitito y el mundo sigue andando y yo como si nada, me limito muy orondo a hacer un escritito. ¡No sería del caso instalarme en el lugar y vociferar contra el delito! Llamar a los medios. O rezar el Rosario, como hacen en Paraná y en Tandil. O atarme a un árbol... - Yo no sirvo para estas cosas...".

Pero otra voz me decía: "ya está, ya cumpliste"...

***

–No sé si triunfó el buen o mal espíritu; como no soy buen religioso mi oración por los responsables y la víctima o víctimas y victimarios debe haber sido muy breve, brevísima... y seguí con otras cosas. El asunto para mí había quedado en la nada.

Debía preparar un viaje a dar clases a Mar del Plata: sacar el pasaje; las clases; la valija; dejar todo en orden en la Defensoría; verificar que estaba la licencia concedida.

"Si en la Fiscalía Provincial hicieran algo me hubieran llamado...", fue la razón que alimentaba mi desazón última cuando el tema me reaparecía en el corazón. "Seguro que mañana a las 10, seguro que al chico lo matan seguro", pensé. Me fui nomás a dar clases a Mar del Plata y volví a arrumbar el asunto en la desmemoria durante todo el jueves.

Escena 7 (Viernes; en el Hotel de Mar del Plata)

Hago un llamado telefónico a mi señora.

"¿Cómo están...?

- "Bien, muy bien... Noticia importante: Salió en el diario *'El Norte'* que hubo un procedimiento por aborto en calle Falcón, a media cuadra de La Rioja. Hay detenidos..." .

Increíble. ¿Existe "la Justicia"? ¿Por qué fui tan malpensado, prejuicioso, pesimista y amargado?

***

Escena 8 (Sábado; leyendo el diario)

Al llegar al pago leo el diario[2].

La noticia fue redactada por un abortista porque pudo haber escrito que se iba a envenenar o quemar al chico con una inyección salina, a pedido de la garante de su custodia, su propia madre, a cambio de $400. Todo a pocas cuadras del centro, aquí nomás, y que hay que hacer una política contra estas matanzas y todo lo demás. Y felicitar a los fiscales, a la policía, al juez de garantías.

Pudo haber sacado fotos de la casa, añadir, recopilar, copiar y pegar, describir los muchos objetos que se encontraron y requisaron en el lugar y para qué sirve cada uno de ellos; y del síndrome post aborto que le queda a la chica; y que no se puede decretar y ejecutar la pena de muerte a un inocente; y mil cosas más, por ejemplo los horrorosos métodos para abortar, que hay uno en que le chupan el cerebro como un mate cebado, y otros en que les aplastan la cabeza para que puedan salir, consultar Internet para ver cuáles son los métodos abortivos, y especialmente el de inyección salina, y si lo quema o sólo lo ahoga o lo envenena y si el

2 Yo no había llegado todavía ni al celular ni a Internet .

chico sufre o no sufre, y si no debieran abortarlos con anestesia previa para que no sufran; y demás recursos periodísticos que se usan cuando los medios quieren impresionar a la gente, y fotos de una práctica abortiva o de los fetitos muertos, y del negociado mundial del aborto ...

Pero la nota sólo aludió a que la ejecución se practicaría "en pésimas condiciones de asepsia"...

El periodista aprovechó para hacer campaña por el aborto pseudoseguro. Porque no hay aborto seguro. Y aunque lo hubiera...

Es como una violación segura.

Es como un asalto a mano armada seguro.

Es como un cohecho seguro.

Es como una corrupción segura de los gobernantes que le roban al pueblo.

Es como un genocidio seguro que hace desaparecer una población.

Es como una fraudulenta deuda externa segura.

Es como una tortura segura...

¿Lo van a entender de una vez? Es un asesinato seguro del pibe en el útero. Homicidio prenatal. Pero Uds. lo saben y tienen la conciencia... por algo no quieren discutir con los Provida, como con Leandro Blásquez por TV en Santa Fe de la Vera Cruz.

Por algo donde se ha "legalizado", pseudolegalizado en realidad, las chicas no quieren ir a abortar bajo registro público. No se animan porque saben que está mal y les parece que quedan "fichadas" y que eso no conviene, y prefieren seguir con los "abortos clandestinos". Los provida de Estados Unidos, de Italia, de España, de todos lados, lo denunciaron. En los abortos clandestinos se mueren igual que en los "oficiales". "Legal o ilegal, el aborto mata igual". (Confesado por quien fue "El Rey del Aborto" en EEUU, apéndice 1). Y nunca se puede matar a un inocente. Por nada del mundo. Ni para salvar un millón de vidas humanas. Con la precisión de Camilo Tale:

"Nunca es lícito atentar directamente contra la vida de un ser humano inocente, cualquiera sea su grado de desarrollo, viabilidad, normalidad o vitalidad, y cualquiera sea el fin que se persiga con la acción"[3].

***

Por cada aborto que se produce póngale la firma que hay un muerto. Un muerto seguro. Si hay 100 abortos, y hablando de "seguro", seguro que hay 100 muertes. Es como cuando a 10 mujeres se les mata a punta de pistola a sus maridos; al instante quedan seguro 10 viudas. La palabra "seguro" se va poniendo espesa.

3 TALE, Camilo, *El principio ético-jurídico que prohíbe matar (Formulación precisa. Aplicaciones en las cuestiones bioéticas y de filosofía política)* Córdoba, Argentina, 2017, p. 12.

Capítulo 2
Sobre llovido mojado

Pero hay más, en el aborto, si no se muere ninguna madre en la cruda emergencia, hay alta probabilidad de que a ella le quede el síndrome del post aborto.

En efecto, cada vez que llega la fecha de la menstruación; cada vez que ve en la calle jugando a la pelota a un hijo de la amiga que también estaba embarazada con panza como ella y que iban a la plaza y hablaban de la fecha del parto y compraban ropa o hablaban del nombre del hijo que estaba viniendo, y que la tía aconsejaba y que el nombre del hijo que venía, y que todo el escenario y el lenguaje y las virtudes femeninas... Para esa madre que abortó, cada vez que suena un ruido semejante a la máquina de succión del chico aquel día...

El trauma y malestar de una mujer que no se podían explicar cada vez que escuchaba la lustradora de los pisos, tras largas experiencias, ensayos, indagaciones, consultas, sesiones y meditaciones se advirtió que era porque le recordaba aquel momento. Habían utilizado el método de succión; no la "amniocentesis salina", que los mata por "hipernatremia aguda" (V. Apéndice).

Van al sacerdote y confiesan siempre lo mismo -tengo testimonios- porque dudan y dudan de que Dios las perdone. El hecho vuelve y revuelve.

Es que aquel día entraron dos personas vivas y salió una sola, porque el cadáver del nenito fue a parar a una bolsa de basura, como dice Laje. Entraron dos personas sanas y sigue una sola pero a medias, traumatizada a veces de por vida...

Pero pasemos a la nueva escena.

Capítulo 3
¡Eran dos!

Escena 8 (En el teléfono)

Después de leer el diario llamo con ansiedad a la que necesaria y urgentemente debía llamar y le digo ....

" ... Por lo menos, se salvó ***una*** vida...".

– "No, te equivocás Héctor – me dijo Ana Laprovita - , se salvaron dos vidas humanas. Porque cuando Marta llegó para el aborto y vio a la Policía dijo: ´Yo con la Policía no quiero saber nada. Yo no aborto nunca más por nada del mundo".

Y se salvaron dos mujeres de aquel trauma que dijimos. *El síndrome post aborto.*

***

Es que de acuerdo a lo convenido, un taxi las llevaba al lugar de la ejecución, para que no fuesen solas al matadero. (Más adelante te cuento que en Tandil registramos algo similar). Quizá para que no se arrepintieran; quizá para que no denunciaran el hecho en el camino. Vaya Ud. a saber.

***

– "... ¿Y la chica que según el diario estaba en el lugar?

– "...no, ésa era la del turno anterior. Por eso te digo que se salvaron dos vidas. La del bebé de Marta, la cual escapando a la policía desapareció del mapa y nunca nadie supo de ella, y la del turno anterior..."

Las Fuerzas de Seguridad tomaron a la verdugo, de apellido Hernández (¿habrase visto tener ese apellido? -cambiátelo) con las manos en la masa.

Escena 9 (Con el expediente)

Al tiempo leo el expediente. El Fiscal obró con toda lucidez, coraje y diligencia. Se llama Ariel Tempo y hay que hacerle un monumento por salvar dos chiquitos en su vida y a dos madres en su salud. *Todavía hay fiscales en la Argentina.* Pero no estuvo solo.

La Policía bonaerense – sí, digo y redigo, la Policía de mi provincia- lo mismo: primero prepararon el terreno con averiguaciones y actuaron con profesionalidad exitosa. La denuncia se confirmaba. Lucidez y diligencia policial. Allanaron en el momento oportuno. *Hay policías...*

Hubo perito médico asistente al acto de allanamiento y luego dictamen pericial de otro médico. Eficiencia técnico-científica pericial. El cuerpo de los peritos hizo su aporte en forma. *Todavía hay...*

Todo concordaba. La Asistente Social también estuvo a la altura. Otro estamento que cumplió. Se produjo abundante prueba. Y, antes, las dos primeras funcionarias con las que conversé en Fiscalía hicieron muy bien lo suyo. Si se quiere, la cosa funciona. Si se quiere se salvan vidas con el Derecho Penal. ¡Vamos todavía!

La Defensa alegó la Regla de Exclusión porque la orden de allanamiento fue dirigida a unos metritos de distancia del lugar de la ejecución. – Rechazado. ¡*Todavía podemos!*

Otro que cumplió en forma salvando vidas fue el Juez de Garantías Dr. Prati, que terminó resolviendo la elevación a juicio oral. *Hay jueces todavía.*

¡Oh, "si oviera buen señor" en la Argentina!

Pero la Cámara de Garantías entendió que no había habido ni delito de aborto, ni tentativa de aborto, porque no hubo comienzo de ejecución.

Capítulo 4
"Todo quedó en la nada"

- Así me lo dijo Juan El NAE, con su cara agria y corazón desanimado, que nunca hace nada porque "¿Ud. vio? En la Argentina no se puede hacer nada desde que se fue Pedro de Ceballos". Él estaba como esperando que yo le saliera con esta "pálida" para ratificarse en su postura, la de no hacer nada. Porque si algo se hace, para él sería "convalidar el régimen oprobioso falaz y descreído que nos viene desde la Revolución Francesa y desde Lutero y desde el Nominalismo y la masonería pero yo no hago nada y juzgo todo".

Pero Juan El Nacionalista Antijurídico Escéptico, bajo esa coraza ideológica, se solidariza por adentro... y en cualquier momento pelea por la vida como el que más. Yo en ese momento le contesté:

¿Cómo que quedó en la nada?

¿Te parece que quedó en nada?

¿Te parece que no se produjo "nada nuevo"?

¿O la novedad de que se salvaron dos vidas humanas no es nada para vos?

¡O salvar a dos chicas madres de la congoja y de la enfermedad de haber matado a sus hijos!

***

¿Qué reflexión podemos hacer sobre esta anécdota real, por la que se promovió el expediente *"IPP 42696 año 2000, Denunciante Hernández, Héctor H. Delito Aborto en grado de tentativa. San Nicolás. Imputado Hernández* [ya viste que no es error de tipeo], *Nélida Teresa"*?

Capítulo 5
Si no hubiera sido...

Si no hubiera estado el mandato de represión punitiva de quienes ejecutan el homicidio prenatal habrían muerto ese día 14 de marzo dos bebitos en San Nicolás de los Arroyos y en la Argentina y en el universo mundo.

Si no hubiera sido por la existencia del sistema penal del aborto no se hubieran salvado Francisquito y Juana.

"Eso es una aguja en un pajal en el conjunto de todos los abortos que diariamente se cometen..."; volvió a hablar Juan el NAE pero ya con menos convicción...

- Dos vidas no son moco de pavo. Y, en todo caso, si se aplicara el derecho penal del aborto, aunque se salve un chiquito sólo solito debemos estar contentos. Como pasa en Córdoba, o en San Luis o en tantos lugares que el periodismo herodiano no cuenta. Y ya te lo dije: las madres se salvaron también. Escribe Schooyans:

> "No castigar el aborto no significa, pues, simplemente el suprimir la sanción penal ligada al aborto. Significa ante todo *desamparar* al *niño*, privarlo de protección, encerrarlo en el limbo de la sociedad política y jurídica, exponerlo al poder arbitrario de un tercero. Pero ello significa *además* desamparar a la mujer frente a la impunidad habitual de los hombres y frente a todos los que están interesados en hacerla abortar"[4].

---

4 SCHOOYANS, Michel, *El aborto. Implicaciones* políticas, traducción Irene Gambra, Rialp, Madrid, .1991, (versión original francesa en Quèbec), pp. 71-2

Capítulo 6
Para hablar hay que saber

Por de pronto, hay que saber que el actual Código Penal prevé penas de 3 a 10 años para el que causare aborto *sin consentimiento de la mujer*; y de 1 a 4 años si obrase con su consentimiento (art. 85) Y que el artículo 86 prevé dos casos en que el delito, sin dejar de serlo, es decir que *sigue siendo delito, no sería punible.*

Pero para legislar también hay que saber que la pena prevista para la mujer que causare su propio aborto o lo consintiere, es de 1 a 4 años de prisión (Código Penal, art. 88).

Hay que saber, entonces, que como la pena mínima es inferior a 3 años *con casi total seguridad la mujer no sufrirá pena*, porque se trata de una situación "excarcelable", donde bajo aquel tope el castigo no se aplica si no se comete otro delito. La sentencia con alta probabilidad, si se llega a ella, será de ejecución condicional. Y siempre está el recurso a vías alternativas como la *probation*, que le evitarán la cárcel.

Pero dentro de tanta benignidad con la madre que mata al hijo, siempre está la posibilidad de que vaya a prisión, lo que puede actuar en ella para bien del hijo y suyo propio... Y si hay reincidencia la posibilidad se concreta y va a la cárcel. Lo que le puede causar algún temor como para entrar en razones. *Lo que la puede motivar, como a Marta, a cejar en su intento.* O que las hizo irse a las dos chicas de Tandil...

Pero si se justificara que para la mujer se previera *alguna pena algo más baja por alguna razón, resulta totalmente inadmisible* que la misma pena baja se prevea para el médico, que con toda frialdad matará al chiquito y que se enriquece con el homicidio serial de guríes no nacidos.

Hay que reprimir al causante del delito que es la madre, *y con pena más grave al tercero.* Otra cosa sería violar la igualdad fundamental respecto de otros delincuentes a los que se los castiga sin ser mujeres ni madres sino a veces varones, y la de las otras víctimas, que reciben la protección del Estado y en este caso el bebito no sería protegido. *Sería injusto.*

Y si se le aplican penas a la mujer que en justicia se lo merece (como sucede con cualquier imputado; no hay que discriminar), es obvio que eso es en la medida en que obrare con dominio de su acción "desde adentro de su alma", porque ciertas condiciones pueden volverlos inimputables (art. 34 inciso 1 Código Penal: "No son punibles: 1) El que no haya podido en el momento del hecho, ya sea por insuficiencia de sus facultades, por alteraciones morbosas de las mismas o por su estado de inconsciencia, error o ignorancia de hecho no imputables, comprender la criminalidad del acto o dirigir sus acciones..." Y los artículos 40 y 41 del mismo Código establecen una serie de parámetros para graduar la pena)[5].

---

5 ARTICULO 40 CP .- En las penas divisibles por razón de tiempo o de cantidad, los tribunales fijarán la condenación de acuerdo con las circunstancias atenuantes o agravantes particulares a cada caso y de conformidad a las reglas del artículo siguiente.

ARTICULO 41 CP.- A los efectos del artículo anterior, se tendrá en cuenta: 1º. La naturaleza de la acción y de los medios empleados para ejecutarla y la extensión del daño y del peligro causados; 2º. La edad, la educación, las costumbres y la conducta precedente del sujeto, la calidad de los motivos que lo determinaron a delinquir, especialmente la miseria o la dificultad de ganarse el sustento propio necesario y el de los suyos, la participación que haya tomado en el hecho, las reincidencias en que hubiera incurrido y los demás antecedentes y condiciones personales, así como los vínculos personales, la calidad de las personas y las circunstancias de tiempo, lugar, modo y ocasión que demuestren su mayor o menor peligrosidad. El juez deberá tomar conocimiento directo y de visu del sujeto, de la víctima y de las circunstancias del hecho en la medida requerida para cada caso.

Las penas no son lo que el Abortismo-Siempre-Mentiroso inventa (por favor leer a Nathanson más adelante), pero si no se mantiene la previsión de penas para el aborto y no se aplican, incluso para la madre, se incrementarán las muertes de chicos Down, caso clásico que se elige como ejemplo, y caso típico de los hijos que luego son los más queridos por los padres, y por los hermanos, y por los vecinos y por los amigos, y por las maestras; y en la iglesia..., y en el club, como todos conocemos.

Uno de éstos, enfermo pero nada zonzo, oyendo en Francia por TV el debate sobre el aborto se largó a llorar desconsolado y sus padres no sabían qué hacer. Entonces atinaron a llevarlo al eminente Jérôme Lejeune, gran defensor de la vida, que conocía como nadie el asunto, pues descubrió la trisonomía 21, que es precisamente la causa del síndrome de Down y luchaba por encontrar su cura: "¡nos quieren matar", le dijo, y el padre de la genética moderna debió consolarlo. El chiquito formaba parte de los enfermos de segunda que los herodianos querían liquidar antes de que nazcan. (Sobre Lejeune v. Apéndice 18).

Despenalizar el aborto es desamparar al gurí no nacido; y a la madre si tuvo conocimiento y dominio del acto (lo vimos en Schooyans). Excelente es el trabajo de Javier Anzoátegui sobre el tema[6].

6 ANZOÁTEGUI, Javier, "Una pena (reflexiones acerca del delito de aborto)", revista El Derecho, Buenos Aires 185, p. 1108. Sostiene que no hay razones para atenuar la pena de aborto, como hace benignamente el Código Penal en los artículos 85 a 88. Porque "en algunos supuestos aún las madres, y en todos los casos los profesionales del aborto, tienen la posibilidad de comprender cabalmente la criminalidad del acto y, además, de dirigir sus acciones con libertad". Sería una desigualdad respecto de otros delincuentes, y una desigualdad respecto de otras víctimas. Por el contrario, el aborto debiera ser considerado como un homicidio agravado: "muerte dolosa de una víctima indefensa por parte de un autor que no corre riesgo alguno al cometer el delito, o, finalmente, porque

Capítulo 7
Seguro para los delincuentes

Los proyectos en danza no sólo buscan "despenalizar el aborto", sino promoverlo, y que lo paguemos todos con nuestros impuestos, y castigar al médico que no aborte.

Más arriba dijimos que los Herodianos conciben al derecho como lo hacía Hobbes en el (ficcioso) "estado de naturaleza". Pero cuando estos antidiscriminadores tolerantes suben al poder, o pueden hacer la ley, son como la concepción del filósofo inglés en "estado de sociedad": el Rey es un tirano feroz que no rinde cuentas a nadie, que asume todos los poderes, incluso el religioso, y que dicta lo que sea bueno o malo. No toleran nada. Son un INADI evolucionado y con más poder.

---

suele cometerse por precio o promesa remuneratoria". Hablando de la generalización de los motivos para abortar en la legislación comparada, señala que "no sólo es ambigua la generalización de los motivos", sino que "también se advierte -como en casi todo el mundo- la deserción del Estado de su función de controlar la efectiva realidad de la situación denunciada. Así, en Italia una madre puede abortar cuándo, cómo y por la razón que le venga en gana". Distingue, finalmente, en cuanto a la capacidad de culpabilidad, tres estadios o grados: 1) si "el autor no tuvo ninguna posibilidad de comprender la criminalidad del acto o de dirigir sus acciones" corresponde declarar su inimputabilidad (art. 34, inc. 1, Código Penal). 2) que la mujer, "pues sólo a ella puede pasarle", tenga "limitada su posibilidad de comprensión y de actuación libre en razón de su estado de desesperación". En este caso, a menor comprensión y libertad, menor punibilidad, Imputabilidad disminuida. Finalmente, "si el autor ha tenido una completa posibilidad de comprender su conducta y ha actuado libremente", que es el caso de "algunas mujeres y el de todos los profesionales del aborto: la culpabilidad aquí, según mi tesis, es idéntica a la del homicidio, razón por la cual la pena debe equipararse con la de ese delito". Este valioso trabajo debe tenerse en cuenta para cualquier reforma del Código, porque el autor respeta el principio de legalidad penal, pero también para su interpretación.

Pero quedémonos en la cuestión de la despenalización, camino para lo otro. Como dijimos en el Prólogo, el 26 de agosto de 1966 se dictó un fallo plenario que constituyó un hito en el avance del Herodianismo en el país. El fallo, como es habitual, se individualiza con el nombre del imputado, en este caso la mujer procesada por matar a su hija, e irónicamente la madre que impidió la natividad se llamaba así, "Natividad".

El caso ***"Natividad Frías".*** Pues bien, en *"Natividad Frías"* se resolvió por mayoría que no podía seguirse investigación criminal contra una mujer que haya causado su propio aborto o consentido en que otro lo causare, si aquélla provenía de una denuncia médica conocida en el ejercicio de la profesión. Pero se establecía expresamente que *"sí corresponde hacerlo en todos los casos respecto de sus coautores, instigadores o cómplices".*

De modo que desde la vereda de enfrente (porque fue un fallo amado por los Herodianos) se amañaban jurídicamente las cosas para salvar a la madre de pena, *pero todavía se reconocía que había que castigar, por ejemplo, al médico que causare el homicidio prenatal.* Esa parte casi nunca se aplicó, porque se desobedeció la ley y el plenario y prácticamente desapareció el derecho del aborto en Capital Federal. (Tiene que ver con esas "leyes del mundo del Derecho", aludidas también en el Prólogo y a las que volveremos).

El benigno Código Penal que tenemos considera al aborto un delito contra la vida, pero establece que en ciertos casos no es punible (art. 86, apartados 1 y 2). La eximición de penas en estos casos, según autorizada doctrina, ha devenido inconstitucional, en base a la legislación que se menciona en Apéndice, Carta de Silvano Penna a los Legisladores. Sobre la inconstitucionalidad ofrecemos una larga nota al pie[7].

---

7 **Inconstitucionalidad.** Cfr. por todos BACH DE CHAZAL, Ricardo, *El aborto en el derecho positivo argentino*, Educa, Buenos Aires, 2009, p. 246; RODRÍGUEZ VARELA, Alberto, *La persona antes de nacer*, Nueva edi-

Análogamente, el mismo Código exime de responsabilidad criminal, no de la civil, en ciertos delitos, a saber hurtos, defraudaciones o daños entre ciertos parientes, art. 185, pero no excusa a los extraños que participen. Es otro ejemplo de no punición pero de algo que según el derecho positivo *siguió siendo un delito*. Lo que admitiría acciones preventivas aunque en definitiva -si fuera constitucional la eximición- no se castigase, para salvar la vida del que van a matar. Y también acciones civiles, por ejemplo para reclamar daños causados.

ción actualizada, Ágape Libros, 2014, pp. 222 y 226. **El texto de Bach de Chazal:** "El impacto provocado por la incorporación de esta Convención [viene hablando de la Convención sobre los derechos del niño] al ordenamiento jurídico nacional se tradujo, por aplicación del principio según el cual la ley posterior deroga a la anterior, en la abrogación de las normas contenidas en el artículo 86, 2, incisos 1 y 2 del Código Penal, relativas a los supuestos de los denominados *abortos legales*".[...] "Toda norma legislativa ordinaria que pretendiera la autorización para la realización de cualesquier tipo de aborto resultaría claramente contraria a la Convención analizada y, por lo tanto, inconstitucional". **Un texto de Morelli:** [...] "Sirviéndonos de los criterios hermenéuticos que se desprenden de las disposiciones directa o indirectamente contenidas en la Constitución Nacional, y valiéndonos del derecho natural como suprema norma interpretativa, estamos en condiciones de afirmar la inconstitucionalidad de una despenalización del aborto por consagrar una injustificada discriminación que contraría lo dispuesto en el art. 16 de la Constitución nacional [...] ahora reforzado por la disposición del art. 75 inc. 23 [...] Despenalizar el aborto es discriminar injustamente a la persona en función de su edad y ubicación física"(MORELLI, Mariano, *El aborto. ¿Delito o derecho. La cara oculta del imperialismo democráfico*, Cuadernos de Estudio, nro. 2, Cumbre Ediciones, Rosario, 1995, p. 58-59). Muy recientemente sostiene la inconstitucionalidad Marcelo Sancinetti en *La Ley, Suplemento de Derecho Constitucional,* 15-V-2018.

Capítulo 8
La monserga abortista

De modo que la monserga abortista debiera unificarse: porque argumentan para impunificar y promover las ejecuciones de bebitos no nacidos que éstas de hecho se practican y que ninguna mujer va presa.

Pero por otro lado muestran a un Estado sádico que se ensaña con la pobre usando las sevicias del maldito Derecho Penal presentado como el Derecho Torturador. Y vienen a exaltar como una especie de "bien jurídico protegido" el asesinato del niño.

Pedir que porque no se aplica un artículo del Código Penal [- no es tan así: ¿no te estoy contando que aplicándolo con él se salvaron dos vidas de un saque y en un ratito, y que un parecido tuvo la situación de Tandil?], hay que derogarlo, es incurrir en el error de confundir el hecho con el derecho.

Entonces, con un mínimo de coherencia *habría que usar el mismo argumento con muchos otros delitos*. Ya pusimos ejemplos... El castigo de la corrupción de los gobernantes o toda represión del narcotráfico, la trata de personas, los genocidios, los femicidios, la usura o las grandes estafas con la deuda externa o ... Y argumentan para impunificar y promover, el hecho de que "el derecho penal" no soluciona nada.

–Pero ¿no te acabo de relatar que "se solucionaron" dos bebitos que mantuvieron la vida gracias a las normas penales puestas en acción? ¿Y que con mucha probabilidad de salvó a dos chicas de la angustia y depresión y problemas del "síndrome"?

Si la pena por el delito de aborto casi no se aplica, ¿eso autoriza a suprimir su previsión en el Código Penal y encima promover el aborto libre, gratuito, como un derecho humano de la mujer que tenemos que costear todos los argentinos?

¿Qué hubiera pasado con Francisquito y con Juana, como bautizo por mi cuenta a los dos chiquitos que gracias al Fiscal Tempo y a sus colegas fiscales, a la Policía bonaerense, a los peritos, al juez de garantías, sin la existencia del Código Penal con la pena para el aborto? La solución es aplicar el derecho penal y no influenciarse por el Movimiento que favorece la delincuencia. Se trata del Garantoabolicionismo penal, que es abolicionismo de fines con pseudogarantismo de medios. (V. Apéndice). Al que hay que enfrentar de una vez, porque ha llevado al país a la inseguridad más crasa de su historia, y éste del aborto es sólo un capítulo depredador de dicho Movimiento, que considera a toda pena como contraria a la Constitución y a los derechos humanos[8].

8 **Garantoabolicionismo.** Cfr. mis trabajos: **1)** *El Garantismo abolicionista* (Marcial Pons, Madrid-Buenos Aires, 2013); **2)** e *Inseguridad y Garantismo abolicionista* (Cathedra, Buenos Aires, 201º7); así como los aportes en la obra de autores varios que dirigí, **3)** *Fines de la Pena. Abolicionismo. Impunidad* (Cathedra, Buenos Aires, 2010), en que está el clásico trabajo de Camilo Tale sobre el tema; y **4)** en la dirigida por Siro De Martini *En defensa del derecho penal* (Educa, Buenos Aires, 2008). Al final está la Bibliografía más completa, incluyendo otros trabajos.

Capítulo 9
Bondad del derecho penal

Pero no es así. El derecho penal tiene un sentido bueno, que hace al bien común político, pero opera aplicando *males*. Porque las penas son *físicamente* males.

Cortar un dedo necrosado implica un mal *físico*, pero hacerlo cuando la ciencia médica lo indica es un bien *moral.*

De la misma forma, aplicar esos no-bienes que son las penas, es bueno y justo moral y jurídicamente, si se lo hace en forma correcta.

Por eso *el Derecho penal es poco simpático*; aplica la fuerza y priva de ciertos bienes ("físicos"), lo que es ciertamente desagradable, y aunque sea al servicio de la justicia eso choca a nuestra sensibilidad. Pero debemos reflexionar con la cabeza, y no hacernos insensibles con el mal que reciben las víctimas, que es injusto, y que recibe el propio victimario al delinquir si no se le ofrece el tratamiento que, entre otras cosas incluye el sistema penal al que tiene derecho como persona libre y ciudadano con el cual también hay que ser solidario.

Fines de la pena. Hay múltiples fines de la pena, pero en este caso que estamos tratando caben algunas consideraciones especiales.

Ante todo, digamos que la pena *es una reacción* de la sociedad ante los males que son los delitos. Ella, cuando se aplica, produce cierta *compensación* a las víctimas y a la comunidad. La humillación y el atropello cometido se ven así de algún modo "solucionados", aunque relativamente, porque *lo que ocurrió en algunos casos como en el homicidio, no puede dejar de ocurrir*. Las víctimas individuales se ven reconocidas en su calidad de personas, pues se les "restituye la honra". Y la víctima comunidad política recibe también algo de eso. En el alma de la gente se restaura el orden de justicia, que el delincuente alteró. *Fin retributivo esencial.*

El sujeto que delinquió, gracias a la aplicación del castigo, si de su parte colabora con arrepentimiento, en un nivel espiritual "elimina el delito". *Fin expiatorio.* (Ya veremos qué hizo Marta y qué hizo un famoso nadador norteamericano cuando fue sancionado).

Y puede enmendarse interiormente, lo cual es un mejoramiento que tiene *utilidad social* (que el delincuente nos deje tranquilos); pero que además *tiene el fin valioso en sí mismo* de promover la perfección de los ciudadanos, en este caso del que ha delinquido, exigida por la solidaridad que forma parte de la felicidad de la *polis*. Sobre este punto y los fines de la pena nos remitimos al clásico desarrollo de Tale[9].

Sigamos. La aplicación de la pena puede quitar en el delincuente y en los demás las ganas de reincidir o de imitarlo: *escarmiento del malhechor* y *disuasión de los terceros* a cometer ilícitos. *Fin preventivo general negativo.*

Además, si el que delinque está preso o inhabilitado, queda imposibilitado de cometer ciertos delitos, los que no se podrían ejecutar desde la cárcel o sin estar en la función pública: *fin de innocuización.*

La pena puede *mitigar el sentimiento de alarma* que el delito provoca.

Además, tiene un fin pedagógico, el de *reforzar el conocimiento del mal/bien moral.*

Porque, como reconoció la Corte Constitucional Alemana,

> "la mera existencia de una sanción penal tiene efectos sobre las concepciones valorativas y las acciones de la población [...] Por el contrario, este efecto se ve alterado cuando, a través de la eliminación de

9 TALE, Camilo, "Los fines de la pena", en el libro *Fines de la pena. Abolicionismo. Impunidad*, Director Héctor H. Hernández, cit., Primera Parte, pp. 5 y ss..

> la punibilidad, una conducta, que indudablemente era merecedora de pena, es declarada irreprochable para el derecho. [...] *La peligrosa conclusión en el sentido de que aquello que no posee sanción legal está moralmente permitido,* es demasiado probable para que no sea inferida por un gran número de sujetos del derecho"[10].

"Vidas sin valor". Y si no se castiga la vida no se protege, se desmerece y se ataca con más facilidad. Decía Simón Weil en carta a Bernanos:

> "Cuando las autoridades temporales y espirituales deciden que *la vida de una categoría de seres humanos carece de valor, nada le resulta más natural al hombre que matar.* Cuando se sabe que se puede matar sin riesgo de castigo o de censura, matamos; o, al menos, rodeamos de sonrisas animadoras a los que matan. Si por ventura sentimos al principio algo de repugnancia, nos callamos y en seguida ahogamos tal sentimiento, por miedo a parecer poco viriles"[11].

Y el juicio de que el homicidio no es malo fomenta el homicidio.

Porque suprimir el castigo penal del aborto *desampara al pibe no nacido y a la madre...* ya lo dijo Schooyans; y es poner "el derecho al servicio del homicidio". Es introducir "un principio de discriminación análogo al instaurado por

10 CORTE CONSTITUCIONAL ALEMANA, cit. en MILLER, Jonathan, GELLI, María Angélica y CAYUSO, Susana, *Constitución y Derechos humanos,* Buenos Aires, Depalma, 1991 t. 1, p. 867.

11 Citado en SCHOOYANS, *El aborto...*, p. 221 (Se remite y recomienda VERHAEGEN), Jacques, *Liceité en droit positif et références* légales *aux valeurs*, Bruselas, Bruylant, 1982. Cita de p. 166.

el nazismo" contra una raza, o el que regía en Estados Unidos contra los negros[12].

Y – seguimos con los fines- tiene el fin de aplacar las apetencias de venganza personal. (Cosa poco aplicable en el aborto porque, ¿quién se vengará del pobre gurí matado en el útero materno?). *Paz social.*

Y la aplicación de la pena puede ayudar, si el penado contribuye desde dentro de sí mismo, a *formar hombres virtuosos.*

El Derecho Penal busca múltiples fines, de los cuales son beneficiarios el Individuo-Víctima y la Sociedad-Víctima, incluyendo también al infractor. Por eso, negarle a todo infractor su pena implica un olvido insolidario del Estado respecto de él.

12 SCHOOYANS, *El aborto...* cit., p. 73.

Capítulo 10
Cómo se lo conoce

Claro está que la sola conminación de la pena, esto es la amenaza que implica decir que a quien cometa X conducta se le aplicará X castigo, puede *disuadir* a los potenciales delincuentes y puede contribuir a *la educación* de todos los ciudadanos.

Pero la gente no se levanta todos los días a leer el Boletín Oficial a ver qué delitos se penan, ni a leer el Código Penal vigente, sino que el modo normal de conocer el Código Penal es cuando se aplica. Si los jueces y los fiscales lo ejecutan y si los diarios y los medios lo dan a conocer... *De ahí la importancia que tiene en nuestros males la corrupción de la prensa.* Y el papel que tuvo en la introducción del genocidio de no nacidos en los Estados Unidos, como lo veremos más adelante de boca del "Rey del Aborto".

Marta se enteró, al ver policías desplegándose en la casa de la calle Falcón, que lo que su conciencia le decía iba en serio también a nivel social. La otra chica, Susana, cuando esperaba en la sala de ejecución la de su hija, también se enteró que *lo que ella sabía que estaba mal, era considerado así por la Argentina y podía recibir males por ello.*

Capítulo 11
¿Qué fines se cumplieron en el caso?

Cabe preguntarse qué diablos tiene que ver todo lo que dijimos con la salvación de la vida de Francisquito y de Juana en el caso de nuestro cuento real.

Porque, si por de pronto no se aplicó ninguna pena, por otro lado tampoco se quedó en mera enunciación o amenaza de la fuerza, sino que se hizo cierto mínimo uso de ésta; más bien se apercibió que se venía el proceso y la prisión, con poquísimo despliegue de violencia. Y la noticia se supo... El periodista Pro muerte, mal que mal, la dio a conocer en el diario.

¿Entonces habrá que separar la acción *policial* de la propiamente *penal?* ("Policial" sería lo meramente preventivo, la policía que al recorrer las calles puede impedir que el ladrón robe; "penal" sería cuando se actúa una vez cometido el delito).

De ninguna manera. Aunque esa distinción indique dos modos de actuar, ellos están interconectados y no son separables. Nosotros nos oponemos a colocar en compartimentos estancos lo policial y lo penal; así como también lo preventivo (por ejemplo con la prisión preventiva) y lo ejecutivo-definitivo.

La aplicación de la pena por *sentencia definitiva* produce efectos preventivos, según vimos, en el condenado y en los demás. Pero también la aplicación de la *sentencia provisoria de prisión preventiva*, también previene. Todo es una unidad aquí.

Influyó la norma. Si es cierto que no se aplicó la pena, es cierto que *la norma penal no influy*ó por su sola presencia sino que hubo algún despliegue físico contra la acción delictuosa, que sirvió, como dijimos, de notificación y como de comienzo de un proceso de aplicación y que evitó el delito.

Pero *sin el derecho penal* y la previsión del delito de aborto, a Juana y Francisquito los hubiesen trucidado ahí nomás. Y no sólo se ahorraron sus vidas, sino la salud de las chicas madres.

Hubiera sido casi *imposible* la denuncia del daño que se venía, la actuación del fiscal, las órdenes de éste a la policía, la convalidación del juez, sin el art. 85 y 88 del Código Penal. *Porque con el Código Penal se pueden salvar vidas, y no solamente a la larga sino inmediatamente, y hasta sin llegar a aplicar las penas.*

Desmiéntanme.

Capítulo 12
Una crítica que se hace

Se suele hacer esta crítica al derecho penal del aborto: ¿a título de qué condenar al que aborta si el chico ya murió? (Bidart Campos en su mala época final). "El derecho penal no soluciona nada"[13].

A lo que se nos ocurren ahora tres respuestas:

a) por de pronto, *eso pasa usualmente con todo el derecho punitivo,* que en general suele obrar cuando el daño se produjo. Pero el derecho penal no busca que el hecho, cuando sucedió, no haya sucedido, aunque se puede conseguir (fines preventivos) que en el futuro no suceda de nuevo. Según aquel argumento, para que valga el sistema penal la sentencia condenatoria del homicidio debiera resucitar al muerto...

De todos modos, ya vimos que en este caso fue distinto, pues *se evitó el mal antes de sucedido.*

b) Aquellas son alegaciones muy deficientes, porque la lógica indicaría que, dado que otros delitos se siguen cometiendo, *habría que suprimir todo el sistema penal.* Habría que hacer eso con los homicidios, con las estafas, con las violaciones, con los femicidios...

> "Ante la multiplicación de los robos, tomas de rehenes o violaciones, ¿habrá que sacar la conclusión de que las leyes deberían ser más clementes?¿La práctica muy frecuente del fraude fiscal y de las infracciones de tráfico deberían incitar a los inspec-

13 Lo criticamos sin haber conocido respuesta alguna en la serie "Abortismo pretoriano", en El Derecho, 25-X-2000; 1-XI-2000;8-XI-2000; 15-XI-2000.

> tores y tribunales a una extremada indulgencia?[...] ¿El que en Roma estuviera reconocida la esclavitud era una razón para no atacarla? Hay que señalar, al contrario, que la ley fomenta tipos de conducta [...] Una ley que autoriza el aborto fomenta necesariamente una conducta que desemboca en el aborto efectivo. Ésta es una de las razones por las que no son muy dignos de crédito los que, por un lado, expresan su repulsión hacia el aborto y, por otro, defienden su legalización"[14].

Parece absurdo que en la medida en que la inseguridad aumenta haya que ir reduciendo, proporcionalmente, el sistema penal. Más vale al contrario.

Además, nunca en la vida alcanzaremos a saber cuántos son los delitos que no se cometen por temor de la pena prevista en la ley.

c) *Pero de todos modos esto no se da en el caso de mi cuento real.* Porque no solamente no se aplicaron los males de la pena, sino que hubo un uso de la fuerza que molestó en su libertad un poquitito algún día, nada más, a las que se proponían a matar a Francisco y a Juana, *sino que además se previno el daño que normalmente el derecho penal ataca ya producido.* Y se libró de males gravísimos a Susana y Marta. La ley penal benefició, con su sola existencia y conato de ejecución, a las madres.

Salvar vidas con el derecho penal.

14 SCHOOYANS, M., *El aborto...*, cit., p. 65/66.

Capítulo 13
No sólo "despenalizar" sino promover

Podría ser peligrosa mi insistencia en atacar la "despenalización"; porque el abortismo engaña en 2018 poniendo allí el centro del debate, cuando en realidad proclama bajo esa bandera el fomento del *ideal del aborto libre, seguro, como un derecho humano que hay que fomentar en su ejercicio y que debemos pagar con nuestros impuestos.* Pero...

Si, como dice el principio *No matarás,* "nunca es lícito atentar directamente contra la vida de un ser humano inocente, cualquiera sea su grado de desarrollo, viabilidad, normalidad o vitalidad, y cualquiera sea el fin que se persiga con la acción", *menos aún se puede hacer de la violación de esa prohibición un derecho.*

Porque como bien distingue Llugdar en sus conferencias sobre el tema (por ejemplo la que le escuché en en Tandil recientemente), una cosa es

a) Lo que es ilícito pero *no combatido penalmente*. Por ejemplo, si Ud. evade impuestos por $ 399.999 comete una ilicitud, que no está penada, esto es no hay prevista una pena para ella. Ilícito (que no se puede hacer) pero no penado. Aunque la AFIP le puede hacer juicio para cobrarle.

Pero si Ud. evade un peso más, esto es llega a evadir impuestos por $ 400.000, ya incurre en un delito castigado como tal (art. 1 ley 24.769). Puede ir preso.

Y otra cosa es que ese acto *ilícito se quiera no sólo impunificar, no sólo legitimar como jurídico sino que además se promueva:* el derecho al aborto pseudoseguro, cubierto por nuestros impuestos y ¡guay de querer demorar un aborto u oponerse a la Nueva "Legalidad de los hobessianos"!

La matanza de los niños no nacidos, según los proyectos herodianos cuyo tratamiento ha "habilitado" insólitamente el Presidente Macri, *es un "bien jurídico protegido" por los reformadores.*

El derecho humano al sarampión seguro, libre y gratuito. Es como si se proclama la bandera de lucha contra la tuberculosis y, en vez de combatirla, se *promueve y* se exalta *el derecho a la tuberculosis segura y gratuita.* Quiere decir que no se quiere erradicar la tuberculosis. Pero, ¿por qué mienten diciendo que la quieren curar? Si la quieren curar, bueno, adopten los remedios adecuados. ¿Cuáles son los remedios en el caso de los delitos? – Entre otros, las penas. No cometer nuevos delitos matando chicos no nacidos.

Es como si se dice querer curar el sarampión y en vez de atacar el sarampión se proclama el derecho al sarampión seguro y gratuito y pagado por todos con los impuestos.

Con las aclaraciones que acaban de hacerse volvamos a una machacona reflexión:

Sin la punición prevista en la norma no nos hubiéramos ahorrado dos vidas argentinas. Y probablemente se hubieran afectado seriamente las dos madres. Y esto es un hecho que ruego, si tienen argumentos, se me refute.

El centro no está en la despenalización. Van por más. Pero sin la penalización efectiva, prevista en la ley y aplicada por los jueces respetando el principio de igualdad para los delincuentes y para las víctimas, sin excluir a ningún culpable y graduando las culpas, contra todos los que se la merecen, se caminará a consagrar prácticamente el delito como un derecho.

Capítulo 14
Legítima defensa de terceros

Pero aún así, despenalizado según el derecho penal positivo infraconstitucional, sigue siendo inconstitucional. Y toda la legislación argentina sobre el comienzo de la persona, la Constitución Nacional, el Código Civil y Comercial, la Declaración de Derechos del Niño con la declaración interpretativa argentina, ley 23.849, el Pacto de San José de Costa Rica, y la ley de razonabilidad natural que prohíbe matar a un inocente, hacen que *intentar un aborto es un hecho que puede ser repelido por cualquiera en legítima defensa de terceros.* (art. 34, inc. 7 Código penal, que es de razonabilidad de sentido común).

Porque en definitiva es gravemente irracional matar a un inocente. Y es contrario al derecho natural.

Aunque reformen todas las leyes positivas y la Constitución, sigue habiendo un derecho natural de resistencia contra la tiranía.

Recuerdo los ocho requisitos que pone Tale en el "no matar": *Nunca* (1) [nunca] es lícito (2) atentar contra la vida (3) directamente [4] de un ser humano [5], inocente [6] cualquiera sea su grado de desarrollo, viabilidad, normalidad o vitalidad [7], y cualquiera sea el fin que se persiga con la acción [8]".

Adviértase que en estos proyectos en danza en 2018, *salvo el de la Red Federal de Familias* que proviene de la Cultura de la Vida y protege la vida, por un lado no sólo se despenaliza el aborto para la madre que mata, a la que nos oponemos, *sino también para los médicos que actúen.* Cosa que ni el fallo abortista *Natividad Frías* admitía, como vimos.

Es la aplicación de la pena de muerte a un inocente, y decretada por la persona que lo tiene que cuidar, persona que presumiblemente no esté en las mejores condiciones de decidir nada de nada y no tiene competencia para aplicar una pena no prevista en el derecho argentino y a la que hay que también hay que proteger, sin perjuicio de la amenaza del castigo.

Es, con palabras de Schooyans, poner "el derecho al servicio del homicidio" (op.cit., p. 73).

Criatura que no vendrás...

Capítulo 15
Casi sin negatividades y con todos sus beneficios

De todos modos, *en este caso no se dio para nada* todo lo negativo que suele aparecer en el derecho penal.

La "Cultura de La Muerte" tendrá que tragarse aquí todo el libreto garantoabolicionista de que las cárceles son escuelas de reincidencia; o de que las comisarías están abarrotadas; o la corrupción policial y judicial. Todas cosas que no son del todo falsas pero aquí no juegan, porque en el caso salió todo "limpio", por así decir.

Por el contrario, gracias al Derecho Penal del aborto se dio todo en positivo, esto es se salvaron la vida de Francisco y de Juana casi sin ningún costo, y a Susana y a Marta de las secuelas post aborto. *Eso se perderá si se despenaliza ...*

Criatura que no vendrás a nuestro suelo argentino...

Esto sucedió gracias a la legislación del aborto, que permitió y guió, poniéndose en comienzo de aplicación, todo lo que felizmente terminó sucediendo.

...Si el Parlamento aprobara...

Pero el cuento no termina allí...

Capítulo 16
"Gracias a Dios"

Vimos que a Marta no le hicieron mella los *consejos* de Ana Laprovita y sus compañeras.

No se conmovió en su decisión por la *advertencia de que estaría matando* a su hijo.

Ni por *las películas del aborto* que muestra la realidad real, y sus distintos crueles métodos. (Lo que hizo cambiar al "Rey del Aborto", según veremos).

Su conciencia de madre y de persona humana que dice y redice que no se puede aplicar la pena capital a un inocente, no la removía de su decisión. Lo haría de nuevo.

Las *ayudas económicas* prometidas para criar al hijo tampoco. Nada. Por tercera vez lo iba a hacer...

Sólo cuando vio a *la Policía actuando* revisó la decisión que parecía irrevocable de matarlo. Francisquito vivió.

¿Quién dice que no sirve el derecho penal del aborto?

En cambio, Marta podrá agradecer perpetuamente al Fiscal Tempo y a toda la Fiscalía, incluídas las primeras funcionarias que nos atendieron (¿se acuerdan?), a la Policía Bonaerense, al Juez Pratti, a los Pro Vita que en el mundo son, han sido y serán, a la Iglesia Católica que es la única institución importante conocida que (mal que mal) defiende la vida *junto con los protestantes*, fervorosamente activos, al legislador que estableció y mantuvo el art. 88 del Código Penal, a Ana Laprovita y a Julieta, amiga de Marta que se preocupó por la muerte inminente de su hijito, a todos ellos, digo, que su hijito viviera y ella tener relativa salud sin los traumas del aborto.

***

El derecho penal es algo bueno y justificado.

¿Se debe proteger la propiedad? – Lógicamente se prevén penas para el ladrón.

¿Se quiere proteger a la sociedad contra los piratas aéreos...? - Entonces viene la legislación penal contra la piratería aérea ...

Desde ya que *no se puede construir una sociedad educando sobre la única base del castigo.* Hace falta una educación en el bien y el seguimiento del bien por su atractivo. Formar en la virtud. Admitir que hay *cosas que no se pueden hacer por nada del mundo* (absolutos morales).

Pero para la mayoría de nosotros, al bien y a la virtud, a lo "positivo", se suele acceder a veces por los castigos. Que en algún momento nos hacen pensar, y hacer propósitos. Y para evitar un mal obrar bien, y habituados al bien al principio por temor al palo, podemos terminar haciéndolo desde nuestro interior, por amor.

***

Debemos continuar la historia...

Escena 11 (¿Adónde iremos?)

¿Qué pasó con Marta, aparte su propósito de no abortar nunca más, y de que su hijo ya creció y goza de buena salud?

Sucedió que pasados pocos días le pidió a su amiga Julieta, precisamente la que originó la denuncia, que la acompañara a un lugar.

¿Adónde le pide Marta que su amiga la acompañe?...

– Pues a la iglesia. La abrupta corrección que el art. 88 del CP y la policía bonaerense y el fiscal y el juez y el sistema penal le hicieron, además de salvarle la vida de su hijo y preservarla del crimen y el síndrome post aborto, le mostraron que ella iba por un camino por el que andaba mal y debía tomar otro. Debía seguir un camino inverso. Opuesto. Contradictorio.

Cosa rara que tiene cierta semejanza al revés con la Cultura de la muerte. Sus seguidoras terminan sus manifestaciones anuales con una procesión ritual yendo a quemar o a romper o a orinar o a malpintar o a defecar catedrales provocando insultos, daños materiales y agravios a rolete. Y Marta al decidir no matar ... también se fue a la iglesia. Pero a rezar. *Quizá a dar gracias por la vida... quizá pedir perdón por el intento... y por los dos delitos consumados antes... Quizá...* El hecho es que mi fuente confirma adónde fue.

***

Escena 12 (Casamiento)

Pero hay más. En 2005 el Francisquito al que su madre no le aplicó la pena de muerte gracias al funcionamiento del sistema penal argentino del aborto, tenía cinco años. O sea que hoy debe tener alrededor de 17. Marta se casó con un viudo con hijos y tuvo, hasta que supe, o tiene, un matrimonio atareado, regular y feliz como lo puede tener una mujer de esta Argentina arrasada, con el hijo propio suyo y los de él. Y no ha podido tener, como quisiera, otros hijos.

***

De Juanita nunca supe. Por lo menos, aquel fatídico pero feliz día se salvó de la "amniocentesis salina" maldita. Y también se salvó su madre Susana. (Sobre salinización ver el Apéndice 20).

Capítulo 17
Otras dos vidas salvadas en Tandil

Era fama en Tandil que en el Hospital se hacían abortos, e incluso se vanagloriaron en los medios de haber llegado a 100 matanzas según el Protocolo de la Muerte. De la indignación que esto provocó (no hay mal que por bien no venga), nació entonces el grupo MasVida e inundó la plaza principal con cien cruces con baberos, aludiendo al holocausto[15].

Un éxito: a raíz de esto se suspendió (se dice oficialmente...) la Consejería de Interrupción Legal del Embarazo que funcionaba en el Hospital Ramón Santamarina . Se sospecha que se reparte Bisoprostol en las salitas, pero oficialmente se niega. Seguro que algunas vidas se salvaron, seguro, del aborto seguro en el Hospital Oficial. *Nada de eso sería posible si no hubiera un Código Penal que, mal que mal, reprime el aborto.*

Pero les quería contar otro caso, ocurrido en la mañana del sábado 12 de mayo de 2018, protagonizado por otro grupo Provida, "Cuarenta días por la vida-Tandil" (¡vamos Tandil todavía!), que se propone entre otras cosas rezar para detener la ley del aborto. Comenzaron haciéndolo en el Hospital, pues se sospechaba que seguían con la matanza; luego hubo una vigilia en la Plaza Independencia, la principal. Enterados por los diarios que el Dr. Germán Cardoso hace 30 abortos por mes en la Clínica CIMET, Cirugía menor ambulatoria Tandil, fueron allí a orar, siempre evitando toda confrontación, a las 10 de la mañana. (Matar chicos se llama cirugía y menor y ambulatoria...). Llevaban dos carteles, uno de la Virgen de Luján y otro de un bebito no nacido de 6 meses con la ins-

---

15 La dirigente Provida Mariana Rodríguez Varela fue a exponer en Diputados con 100 muñequitos recordando la matanza del Hospital Santamarina, y no se los dejaron entrar. Eran un argumento muy fuerte...

cripción "Rezamos por vos, mamá". En la calle había detenido un auto con dos chicas adentro que observaban azoradas para todos lados, más todavía cuando se sintieron miradas por unas jóvenes como ellas congregadas en la vereda, que empezaban a rezar el Rosario. En seguida llegó el médico en su auto y estacionó detrás del otro. Comprendiendo de qué se trataba se bajó, totalmente sacado de quicio, enojado, diciendo que lo molestaban.

Pero siguieron las avemarías... Era un momento de mucha tensión en la vereda de la clínica, que es muy angosta, y todos los partícipes estaban muy cerca unos de otros. El médico entró a la Clínica dando un portazo.

¿Qué sucedió entonces? - Antes de terminar el Rosario las chicas embarazadas decidieron irse.

Y el médico se fue también. Los Provida continuaron el rezo hasta el final. Por lo que sabemos, ¡se volvieron a salvar, en ese momento al menos, otras dos vidas humanas![16]

Acá no hubo denuncia penal. Pero, *si no hubiera sido por el derecho penal del aborto*, que como existe la posibilidad de ir preso incomoda muchísimo al verdugo cuando va a actuar y a las madres que piensen matar, *no se hubieran salvado otras dos vidas humanas en ese momento, ni preservado a las jóvenes madres del desastre.*

Pero dicen en Tandil que fue la ayuda de la Virgen... -Quitale el "pero" y sumemos ...

"Criatura que no vendrás a nuestro suelo argentino
Si el Parlamento aprobara cierto proyecto asesino".

Salvar vidas humanas con el derecho penal...

---

16 Anécdotas similares hay en otras partes, pero los medios de prensa corrompidos no los dan a conocer. Así por ejemplo todas las exitosas intervenciones de *Portal de Belén* en Córdoba.

II
¿Te acordás cuando nos protegía?

Si acá nos vamos del tema del aborto, trataremos algo análogo como es *la influencia del sistema penal para lograr fines valiosos en la juventud en torno al problema de las drogas.*

1. Moral de los ganadores

En la Argentina debemos fomentar una moral de ganadores, a partir de una juventud que gane la primera victoria: vencerse a sí mismos siendo buenas personas.

Para entender lo que queremos decir al hablar de "buenas personas", pongamos un ejemplo: si Ud. domina bien el tiro con pistola y es capaz de matar desde 100 metros de distancia con un solo tiro a su víctima que está corriendo y Ud. moviéndose, es un excelente tirador. (Aspecto *técnico*). Pero en ese caso, si Ud., por caso, no ejerce la legítima defensa, Ud. no es una buena persona (aspecto *moral*) sino un asesino.

Cumplir con la moral hace ser *un buen hombre.* La moral se forja en el amor vivido al bien común de la sociedad, que crea entre los hombres lazos de *solidaridad*. Sea entre gobernantes y ciudadanos, sea entre ciudadanos entre sí y con los gobernantes. A esto lo tendremos muy en cuenta en lo que viene.

2. Deficiencias humanas

Y decimos que la primera victoria en nuestra empresa está en el vencimiento de sí mismo, porque el primer obstáculo son las deficiencias humanas "de adentro" del hombre. La gente ve el bien que quiere y después hace el mal que no quería cometer. Hace propósito de no comer para adelgazar... y he aquí que, sin embargo, come.

3. Doctrinas del egoísmo

Son cosas de la naturaleza humana, pero esto se complica mucho cuando a las dificultades se les suma *un pensamiento jurídico y moral que justifica las desviaciones.* Cuando en vez de decir "esto está mal", se dice "hacé lo que quieras" o "no hay bien ni mal". O "lo bueno es sentirse bien".

Ud. se mueve por el sentido común y alaba el sacrificio de nuestros San Martín o Giacchino que mucho dieron por la Argentina subordinando su libertad al bien común, pero manda su hijo a la Universidad y sucede como en el ejemplo del jugador derechumanista.

4. El jugador derechumanista

Supongamos que el director técnico del equipo de fútbol da instrucciones a los jugadores organizando el equipo. Pero uno de ellos interrumpe y dice que el director técnico les está *imponiendo conductas y una moral* que les impide desarrollar cada uno su plan de vida, en este caso su juego.

– Pero si es así perdemos...

¿Y quién te dijo que debemos aceptar el fin de la victoria?

***

En efecto, en la réplica "pero si es así perdemos", está asentada la victoria como el fin a perseguir que no se discute. Está presupuesto, como dijimos en el Prólogo, que se quiere la victoria, en el caso de la salud se quiere evitar el sarampión y no consagrar el sarampión seguro, gratuito y obligatorio como un derecho humano. En los deportes aquello no se cuestiona. Es de sentido común. No se puede discutir que hay que combatir el sarampión. No se puede discutir que hay que combatir el aborto. Con lo primero se defiende la salud. Con lo segundo la vida del hijo y la salud de la madre, ya lo vimos.

5. Valor supremo

Si en la vida social la libertad de desarrollar cada uno su plan de vida es el valor supremo, no puede haber vida social. Si las sociedades llamadas "liberales" subsisten es *porque no aplican el liberalismo*, entendido como la doctrina que considera que el más alto valor social es la libertad de cada uno. Si EEUU tuviera una economía abierta no habría problemas con la entrada de los limones o del biodiesel argentinos.

En la vida social siempre hay una moral del sentido común de base, gracias a la cual la sociedad mal que mal se mantiene.

6. Un documento

¿Quieren la prueba de que siempre se imponen reglas morales y todos lo aceptamos más o menos gustosos o al menos no las impugnamos?

– Pues hay un documento, cuya aplicación la gran mayoría de la gente exige (salvo muchas veces en las cátedras de Derecho Penal de las Facultades de Derecho, infectadas a veces de Garantoabolicionismo), y que impone una moral.

Una moral de la vida; una moral de la integridad física y la salud; una moral del honor del prójimo; una (cierta) moral sexual; una moral de la libertad; una moral del respeto del domicilio y de los secretos y la privacidad; una moral de la libertad de asociación y reunión y prensa; de la propiedad; una moral de la seguridad pública; una moral de la salud y el orden público; una moral de la seguridad de la Nación; una moral sobre el orden constitucional; una moral sobre la administración pública; una moral del comercio; una moral del buen contribuyente...

7. Código Penal

Les acabo de leer algunos títulos principales del Código Penal, que está lleno de imposiciones. "Se aplicará pena de... Se aplicará..." y siempre así.

Incluso a veces se nos impone en esa moral lo que llamamos *el criterio de solidaridad*, que deriva del bien común político y de la natural sociopoliticidad del hombre, que manda hacernos cargo unos argentinos de la suerte de los otros argentinos. Por ejemplo el artículo 108 del Código Penal manda castigar al que encuentre perdido o desamparado a un menor de 10 años o a una persona herida o inválida o amenazada de un peligro cualquiera, *y omitiere prestarle auxilio* (o avisar a la autoridad), salvo que corriere ella grave riesgo.

8. Se puede decir pero no se puede pensar

Decir que en el derecho y la política no se impone una moral es algo que se puede decir, pero que no se puede pensar. Porque si se rechaza la moral del sentido común, que dice que yo no puedo dañar injustamente a otro, entonces se está imponiendo que yo sí, efectivamente, puedo dañar injustamente a otro y hacer lo que se me da la gana.

Si las autoridades dicen que es legítimo tener y consumir drogas, al que piensa con el sentido común y médico se le están imponiendo obligatoriamente aceptar esa moral del egoísmo permisivista y no se puede educar a los chicos argentinos y a nuestros hijos en la moral victoriosa, porque ello les impediría desarrollar "su plan de vida".

Porque la gente tiende a pensar que hay normalmente derecho a vivir según lo que la ley del Estado impone o permite. Sobre todo si se despenaliza lo que usualmente estaba penalizado. (Ya lo vimos con ayuda del la Corte Suprema alemana). Y nada digamos del homicidio prenatal, en que se trata de asesinar a otro, como lo veremos con la sentencia de la Academia de Medicina de la Argentina (V. Apéndice. ¿A quién consultar, señores diputados y senadores, para saber cuándo empieza el ser humano, al todopinador Lanata, al ascendente Novaresio o a Mirtha Legrand? – Mejor vayamos a la Academia de Medicina).

9. El uso del casco

Un caso típico de egoísmo social es el que se produjo con motivo del requisito, establecido en la ordenanza 35.916 de la Ciudad Autónoma de Buenos Aires, de que los motociclistas usen casco. El individualismo jurídico planteó *su inconstitucionalidad,* alegando judicialmente que se estaría imponiendo una obligación a un ciudadano para *protegerlo a él mismo de sus propias acciones.* Porque el Estado sólo estaría para proteger a los ciudadanos *contra el Estado* o contra *los demás* pero no ayudarlo a él mismo.

La Cámara de Apelaciones de la Justicia Municipal de Faltas de la Ciudad de Buenos Aires en pleno, el 9 de septiembre de 1944, por acordada 536, rechazó la demanda, y por cuatro votos contra dos declaró que la norma era constitucional[17].

La minoría de los jueces argumentó que los individuos, respecto de sí mismos, deben protegerse ellos y no debe hacerlo el Estado.

La *mayoría* acertó en el fondo, pero con floja argumentación, mostrando cómo los riesgos de los que van en moto con la cabeza al aire afectan a terceros. Por ejemplo, el que tuviere que pagar indemnización por la muerte del motociclista sin casco, pagaría menos si no fuese habido una muerte gracias al caso.

10. Concepción solidarista

Para la concepción "solidarista" de los pueblos que progresan en su temple moral, el hombre es parte de la comunidad política y tiene obligación de conservar su vida también como contribución a ella, es decir al Estado, tomado no como "aparato de poder" sino en el otro sentido: todos los argentinos somos el Estado argentino como "comunidad política".

---

17 Revista *El Derecho,* 161-249.

El Estado o comunidad política es distinto de los simples ciudadanos, cosa reconocida siempre por las leyes que distinguen la responsabilidad personal de un individuo, por ejemplo, de la responsabilidad de la sociedad comercial de la que forma parte. Entonces el Estado es "un otro" respecto de dichos individuos y tiene derechos como tal, aunque no sea una persona física individual.

De modo que, por ejemplo, *en el suicidio siempre se perjudica a otro*. Se perjudica "al equipo", diríamos. "El que se suicida no sólo ofende a Dios sino a la comunidad" (Aristóteles, Ética *Nicomaquea*, que pensaba igual que la Asociación que dirige a los nadadores de los Estados Unidos, como lo vamos a ver en seguida).

En estos casos se viola lo debido por justicia a la comunidad política. Entre nosotros el suicidio no está punido, claro está, porque el suicida ya murió; pero tampoco es penable la tentativa, porque penarla podría ser contraproducente contra el que acaba de fracasar en su intento contra la propia vida. Lo que sí se manda castigar es la ayuda o instigación al suicidio tentado o consumado (art. 83 Código Penal).

11. La Constitución

En estos temas, el egoísmo social interpreta la Constitución nacional *haciéndole decir lo que no dice*.

Muchos jueces y doctrinarios de derecho suelen aludir a su artículo 19, que transcribo entero pero subrayando lo que muchos jueces y doctrinarios no leen:

> "Las acciones privadas de los hombres, que de ningún modo afecten *a la moral y al orden público* ni perjudiquen a un tercero, *están reservadas a Dios* y exentas de la autoridad de los magistrados".

Poner la vida propia en peligro puede causar y causa casi siempre un daño a terceros; causa un daño a la comunidad de la que el ciudadano es parte; y *va contra la moral y al orden público*. Está mal poner en riesgo la vida y la salud de los demás, *y también la propia*. Y está mal en sí mismo, aunque casi siempre *daña a otros*.

Según *el criterio de la minoría* en el fallo del casco el único deber del Estado es "garantizar, y por esa vía promover el derecho de los particulares a programar y proyectar su vida según sus propios ideales de existencia...". Ya dijimos que la mayoría acierta, con deficiencias en la argumentación.

Desde luego que *el buen sentido* de la gente en general está del lado del solidarismo: si es un mal quitarse la vida, hay que evitar ese mal donde quiera se lo encuentre. "¿Qué hace el Estado que deja que los chicos se maten así?". "Nos deben ayudar a educar nuestros hijos"... Hay un deber de solidaridad de los gobernantes en ayudar a las familias y a los jóvenes.

12. Justicia

Lo justo no se puede concebir como la pretensión de una potencia cerrada –el individuo libre y autónomo- que sólo sale de sí por las ventanas o mediante los órganos de su soberana voluntad y libertad para ir a interferir en el ámbito de las demás potencias, limitados en cuanto a relaciones de justicia sólo por *no dañar a otro* y *cumplir los contratos*.

Lo que venimos diciendo se aplica al caso del que se presentó a los tribunales diciendo:

> "señores jueces, yo tengo derecho a realizar mi plan de vida, y no me dejan subir a la torre de la iglesia para suicidarme; vengo a pedir amparo para que los jueces manden a la policía a garantizar mi decisión que forma parte de mi proyecto; porque suicidarse no es ningún delito ni perjudica a nadie, no está prohibido, y lo que no está prohibido está permitido" (Y cita en su demanda el constitucionalismo celestial).

- Pero, ¿quién te dijo que no perjudica a nadie? El solo hecho de conocer que un prójimo desconocido se reventó contra el piso suicidándose nos afecta a todos (ejemplo sugerido por mi alumno Rodrigo Serrano). Es algo sensiblemente desagradable, que además tiene una connotación espiritual racional desagradable. Es un daño... que nos incomoda a todos los que estamos cerca[18].

13. La tenencia de drogas para consumo

En la misma línea tenemos la posición que ve como inconstitucional la represión penal de la tenencia de drogas para exclusivo consumo de cada uno. Vamos a limitarnos a exponer esta tesis sintetizando el fallo clásico de una vieja composición de la Corte Suprema en la materia, que es la causa Arriola, en que se decreta la invalidez de punir la tenencia de drogas para consumo personal[19]. La Corte vendría a "legalizar" o, en rigor, a pseudolegalizar, que los chicos tengan pequeñas cantidades.

Acorde con el egoísmo social, el que tiene drogas prohibidas sólo para su uso personal, si se afecta a sí mismo, si se pudre a sí mismo, si se arruina a sí mismo, si se mata a sí mismo, esto para el Tribunal nada importa. Lo que importa es que esa persona no afecte a los demás. Ni afecte la salud pública.

Castigarlo porque tiene drogas sería afectarlo en su intimidad, que estaría protegida constitucionalmente por el art. 19 CN. (El mismo argumento de la Corte de Estados Unidos en el famoso fallo que habilitó el aborto porque prohibirlo era violar la intimidad de la mujer: *Roe vs. Wade* es el nombre del vergonzoso caso, donde se falsearon los hechos

18 Dicho sin perjuicio de que podría penarse al juez que de ese modo coopere al suicidio de otro... El caso queda más limpito si ponemos el derecho a cortarse una mano, por ejemplo, que no es delito penado positivamente.

19 ARRIOLA, Sebastián y otros s/ causa 9080, 25-VIII-2009, *Fallos* 332:1963, cita Online AR/JUR/26966/2009.

para en el futuro poder matar chicos sin ser castigados. Más adelante volveremos a él en Apéndice).

14. Argumentos en la causa *Arriola*

Se argumenta que como la cantidad es escasa, ella no genera dependencia física o psíquica en el consumidor. Que la idea de perseguir a los vendedores de droga mediante la represión de los tenedores no ha dado resultado, porque el narcotráfico ha aumentado. Que el que tiene para consumo es una víctima, y que al castigarlo se lo revictimiza. Que los peligros que esto pudiera tener no autorizan a que el Estado intervenga. Que el Estado no tiene derecho a prevenir con el Código Penal delitos de peligro abstracto.

Quizá podríamos dividir la argumentación en dos grandes aspectos: a) Un argumento de tipo *moral* (no se puede porque la constitución lo impediría, y a "lo constitucional" se le atribuye la característica de "lo moral fuerte"), que en la línea del derecho individualista asume un carácter sublime y diríase "celestial"; b) Uno de tipo más bien *utilitario* (no conviene porque no se gana nada persiguiendo a los tenedores).

15. Observaciones

Trataremos de hacer pocas observaciones críticas.

1. *No ayudar a quien se droga.* No es razonable que la comunidad se niegue a ayudar a sus miembros. La moral del sentido común reclama: "¿qué hace el Estado que al no reprimir *de hecho legitima psicológicamente al chico que se droga?*" (Digo "de hecho" y "psicológicamente", porque *en la realidad moral no legitima nada).* Así como otros, en un plano distinto, reclaman "necesitamos trabajo".

Va contra la moral elemental del sentido común drogarse, y la defensa de la *moral pública* exige, conforme también al *art. 19 de la CN en una parte que no leen,* que el Estado actúe. Además, la propia Corte, como vimos, contradiciéndose reconoce que si hay dependencia de los estupefacientes, entonces sí. Pero ahí cambia el eje: ya dejaron de acordarse del "dañar a otro" y reconocen que si ellos mismos se crean dependencia, entonces sí hay que ayudarlos;

2. ¿El que se droga no perjudica a nadie? Éstas son cosas que se pueden decir y se dicen casi solamente en la Universidad o cuando el juridismo destructor entra en los medios o en la Justicia, pero que *no se pueden pensar*.

Es falso lo que dice la Corte. Son datos de todos los días. El chico que se droga se enferma y enferma a toda la familia. El que se droga se ve afectado en sus funciones cerebrales. Y se daña en el rendimiento de las funciones sociales que debe cumplir, si es obrero, si es comerciante, si es profesor, rinde menos y no cumple con sus deberes sociales.

Entonces, es obligación del Estado proteger a cada ciudadano también de sí mismo violando el orden y la moral pública. Aclaremos que si estos novedosos juristas llegan a modificar la Constitución, peor para la Constitución, que en esto debe ser derogada por la buena costumbre y por escrito, pero se hará un daño social inmenso a los argentinos;

3. *Falacias con las estadísticas y la realidad.* Decir que no ha dado resultado punir la mera tenencia de drogas para combatir el narcotráfico porque éste ha aumentado, encierra varias trampas.

    1. La realidad es que vivimos en un ambiente de dirigencia cultural, política, universitaria y judicial que no da las bases para el combate contra las drogas, corroída sea por factores económicos, sea

por el hedonismo que circula por los perversos medios comunicacionales maleducativos, sea por el factor de la doctrina penal garantoabolicionista que se opone no sólo a reprimir la mera tenencia, sino todo delito, porque la pena -dicen- no tiene sentido. Y en el fondo niegan legitimidad al Estado y niegan la distinción entre el bien y el mal[20]. Por lo tanto, los que han demolido el sistema penal y no hacen nada porque se aplique son cocodrilos llorones cuando dicen que él no sirve[21];

2. En materia de índice de delitos resulta imposible computar los que no se cometen porque está penado. ¿Cuántos hemos conocido que "está mal o hace mal drogarse" porque la ley lo reprime? La ley no es totopotente, pero tampoco es totalmente impotente;
3. Es un hecho de experiencia psicológica y moral que a la falta más grave se llega cometiendo la más pequeña. El narcotraficante necesita – es su mercado- del consumidor. Combatiendo en serio la tenencia se combate el mercado; detectando la operación de venta al mero tenedor se puede detectar al vendedor. Además, si se admite como legítimo tener y drogarse en pocas cantidades, comienza a abrirse camino en la sociedad la idea de que el narcotraficante "soluciona una necesidad". Y empieza a aparecer como un derecho esto de satisfacer eso que se considera legítimo. Es así como

20 Cfr. mis libros *El Garantismo abolicionista* y *Inseguridad y Garantismo abolicionista*, citados.

21 Hacen lo mismo que aquéllos que funden o fundían a las empresas estatales para decir que daban pérdida y luego hacer el negocio de privatizarlas; y jugar a nacionalistas económicos para reestatizarlas y pagarlas a precio de oro enriqueciéndose de ida y de vuelta. Lo conocemos bien en la Argentina

aquél empieza a dimensionarse como benefactor social. Y nada digamos cuando las organizaciones dedicadas al tráfico empiezan a hacer, como sucede, "acción social" reemplazando al Estado. Por algo los narcotraficantes y su literatura de apoyo es´tan interesados en despenalizar la tenencia y el consumo, y ya veremos el efecto que tuvo el fallo que comentamos, "Arriola".

Lo mismo sucede con el aborto. Si se va consagrando psicológica y sociológicamente que la mujer *tiene derecho* a trucidar el hijito no nacido en virtud de la liberación femenina, *se va creando un puente psicológico y sociológico y lógico de admisibilidad de que el verdugo está posibilitándole satisfacerlo.* Y el médico que practique según el derecho natural la objeción de conciencia será alguien que omitirá prestar el medio necesario para la liberación femenina e incurrirá en penas.

Lo que pasa es que en el fondo no se quiere combatir la droga ni ningún delito, en virtud del Garantoabolicionismo, que se junta con la Ideología de género y el femenino disparatado. Y el asunto se agranda en materia de drogas y de aborto porque hay un grandísimo negocio y porque las víctimas no se visibilizan en forma inmediata como, por ejemplo, en un homicidio de adulto.

Pero como derecho penal siempre hay y debe haber, estas posiciones terminan admitiendo "el derecho penal del enemigo" contra todo aquél que defienda la moral natural;

4. *La "legitimación" psicológica y efectiva que la no punición produce.* Como dijimos *supra,* no todo lo que es injusto es antijurídico-penal. Si yo no cumplo el contrato de compraventa no voy preso aunque sea antijurídica mi conducta, pero me puedan hacer un juicio

para que pague, etc.. De modo que no es cierto que "lo no prohibido por la ley jurídica penal está permitido".

De hecho la no punición de la tenencia, sobre todo cuando antes se castigó, no legitima pero produce un cierto efecto psicológico legitimante en las personas. O, quizá, el efecto de pensar que "no es tan grave". Y ya vimos que una función de la ley penal es la *pedagógica,* que marca a trazos muy gruesos lo que está bien y lo que está mal en la vida social.

También dijimos que generalmente la gente se notifica de las leyes cuando se aplican. *Todo lo que decimos se aplica al tema del aborto*;

5. *Aumenta el negocio.* El negocio de la droga, al no haber represión y al "legitimarse", aumenta con la legalización de la mera tenencia, como se muestra con algunos aportes de Martín Etchegoyen Lynch al tema.

Sostiene el autor que *la política de despenalización seguida por algunos países no ha tenido resultado en el sentido de impedir o detener el narcotráfico.* "La legalización trajo devastadores efectos en Holanda", pionera en el tema y que ha dado marcha atrás. El lobby narco intentó una experiencia en Colorado, Estados Unidos, Amendment 64 convertido en ley el 5 de noviembre de 2012: y el uso de marihuana en ese Estado es 42 % más alto que el nacional, aumentando los tratamientos en un 66 %. Tampoco esa actividad legalizada trajo los esperados beneficios impositivos al Estado. Y creció el crimen en general. La marihuana ha servido para ser inicio y puente hacia otras, en especial la heroína y metanfetaminas, *aunque éstas no estaban incluídas en la legalización*, habiéndose triplicado la confiscación de esas drogas. Según el *Colorado State Patrol*, el 77 % de personas envueltas en accidentes de tránsito dio positivo en test de drogas, y las muertes por conducción bajo drogas se duplicaron. Las hospitalizaciones por intoxicación con marihuana crecieron un 128 %. Creció el consumo accidental en menores de cinco años respecto de productos como dulces y galletitas con marihuana en un 268 % según el Hospital de niños. "La legalización acrecienta el problema", señaló el experto[22] .

Y acabamos de leer en estos días (junio 2018) que Holanda, pionero despenalizando, va en camino al narcoestado[23];

16. Mensajes

Quiero contar mi experiencia en la materia como defensor federal en San Nicolás según la ley que tenemos, que prevé la punición de la tenencia de drogas para consumo personal.

¿Qué sucedía cuando se hacía proceso a un chico por ese tipo de tenencia con la ley actual?

Un mensaje. Ante todo, *el chico recibía esta lección:* "la tenencia está mal y es delito, hay prevista prisión que la reiteración puede hacer efectiva, la cosa va en serio y la prueba es que te han detenido al menos un ratito; puedes ir preso". Y desde luego que *hay un fundamento* para decir que *las drogas dañan a los ciudadanos.*

El mensaje que dio la Corte. Para dar idea de la enseñanza que dio la Corte, digamos que el cantante Andrés Calamaro en un recital de música fumó públicamente marihuana. - Que ha de saberse se trata de un delito distinto de la mera tenencia: el art. 12, b ley 23.737 agrava la pena si el consumo es "con ostentación y trascendencia al público".

Además, disertó públicamente sobre la despenalización y procedió a dar vivas al líder Zaffaroni. *Ya no es la mera te-*

22 Martín Etchegoyen Lynch, *¿Marihuana legal? El efecto es devastador*. En Clarin.com , Opinión, 10-V-2016.

23 https://www.lanacion.com.ar/2122039-holanda-de-paraiso-de-la-legalizacion-a-la-amenaza-de-ser-un-narcoestado.

nencia, se ve que van por más[24]. Piense el lector en la analogía con el tema del aborto. Hay un poder mundial-cultural-crematístico que quiere imponer una religión tiránica que no perdona a quien no se le pliegue.

Otros recibieron el fallo en Buenos Aires repartiendo ostentosamente drogas a la salida de colegios. –Que ha de saberse constituye delito "no excarcelable", arts. 5 y 11 ley 23.737. *No es la mera tenencia. Van por más...*

Por su parte, el juez abortista y abolicionista precitado habría justificado el elogio que le hizo el cantante, sin respetar su propio voto en el fallo *"Arriola"* que no dice lo que viene, al insinuar que también estaría despenalizado que los chicos se lancen a autoproveerse *cultivando sus propias plantitas.* –Que ha de saberse es un delito independientemente de la mera tenencia, art. 5,a ley 23.737.

Nueve senadores nacionales lo acusaron, por eso, de apología del delito. *Van por todo, como en el aborto, por el derecho subjetivo a drogarse y hacer lo que quieren con ellos mismos y con la Argentina.* Y los juristas favorecen los dos negocios, el del aborto y este otro[25].

En definitiva, el mensaje que dio la Corte más allá de la letra del fallo, podría sintetizarse así: a) drogarse es legítimo y nadie me lo puede impedir; se trata de un derecho constitucional; pero b) "Vamos por todo", "vamos más allá", poco a poco, hasta liberar el consumo y crear un desarrollo tan grande de la drogadicción que ya no se pueda impedir nada, y en el marco de la legalidad, si es legítimo tenerla, ¿por qué no será legítimo proveerla?

---

24 *Clarín*, 28-VIII-2009, sección Espectáculos, p. 4, con foto de Calamaro fumando marihuana.

25 *La Nación* de Buenos Aires, 3-IX-2009, p. 10.

17. Críticas que se le hicieron

Es recontrafalso que el adicto no perjudica a nadie. Los expertos han salido unánimes contra el fallo: fumar marihuana puede inhabilitar para conducir o cruzar la calle; los jueces revelan con esto "un profundo desconocimiento "científico"; la marihuana despierta en el adicto patologías latentes y aumentan los riesgos cardíacos poniendo en serio peligro al consumidor; incentiva el consumo de alcohol y produce daños irreversibles a nivel cerebral. También los curas villeros reaccionaron esos días contra la Corte, como están reaccionando en 2018 contra el aborto[26].

18. Una red protectora que incluye el derecho penal

La comunidad política, con su amenaza penal, opera sobre el chico y le tiende una red protectora a él y a su familia. Porque, al consumir estupefacientes, él está afectando su moral y su salud y alterando y dañando la vida de los demás.

Los *buenos* jueces, y su personal, los buenos fiscales y su personal, los buenos defensores y su personal, tratan de que el chico por Dios haga un tratamiento.

¿Y los *malos* jueces y malos empleados, los malos fiscales y malos empleados y los malos defensores y malos empleados de Defensoría?...

Pues que ¡también! Con tal de no trabajar, con tal de no llegar a lo que nadie quiere llegar, al juicio ...

Resulta que los buenos y los malos funcionarios, que desde luego no se dan casi nunca en estado puro, actúan para que el chico haga el tratamiento dándole una nueva oportunidad. Y los funcionarios burócratas, puestos ante la ley y ante el chico, se abuenan y se mejoran ellos mismos ayudándolos...

26 Cfr. *La Nación*, 28-VIII-2009, p. 13.

Siendo que casi siempre "la política es opción entre dificultades", es difícil conseguir una consecuencia tan buena en una medida política, por la cual unos por hacer el bien, otros por pereza, todos contribuyen a tratar de salvar al chico, sin graves costos.

19. Procedimiento

Lo dicho y lo que a continuación digo es la realidad de lo que sucede y que experimenté como Defensor Federal mientras lo fui (hasta 2006).

Las cosas en los expedientes sucedían, y creo que suceden, más o menos así.

Nuestro defendido Patricio se había comprometido a hacer un tratamiento, con lo que se paraba todo expediente penal contra él. Pero...

Informa el CPA (Centro de Prevención de las Adicciones) que Patricio dejó de concurrir.

Resolución del Juzgado: "Notifíquese a la Defensoría que el pibe no fue al tratamiento".

Qué hace el defensor: "Estela, hacele nota a Patricio que venga ... no, mejor llámalo por teléfono que venga ya ".

Viene, lo atienden a veces de a dos entre Silvina, Pepe y Graciela, tres abogados que dedican largo rato a charlar con el chico; y yo el defensor apareciendo a veces y se sumaba la empleada, o el Prosecretario, Luis, o hasta el ordenanza también Luis, que si mal no venía les cebaba algún mate a todos.

Se le explica; promete. ¿Cumple? - Hay de todo. Una repartición estatal, con cuatro abogados, un Prosecretario y dos empleados, afectados a que Patricio vaya al bendito CPA.

¡Algo se logra!, siempre, no sabemos cuánto pero sabemos con seguridad que mucho se intenta y que siempre se cumple con un deber de solidaridad de la comunidad con él. Y con su familia...

Todo esto gracias a que el derecho penal prevé el castigo de la mera tenencia para consumo.

20. "Miente que algo queda"

Como sucede con el tema del homicidio prenatal, se miente deliberadamente para derogar toda protección penal de la salud y moral de los chicos en el tema de las adicciones, presentándolos como víctimas del sistema penal y no como beneficiarios. Pero, así como hablamos del régimen penal del aborto en la Primera parte, vayamos al régimen penal sobre tenencia de drogas en poca cantidad (art. 14 ley 23.737).

Si es adicto. ("Si dependiere física o psíquicamente de estupefacientes"). La ley actual prevé que si es así, realice un tratamiento, con su consentimiento desde luego y que se suspenda el proceso a las resultas de aquél. Los chicos, amenazados por la ley penal, aceptan. Si lo hace y se recupera, se dicta el sobreseimiento y terminó todo. Archivo feliz.

Si no es adicto. Si no es adicto sino experimentador, puede llegarse en el proceso hasta la sentencia, pero se deja ésta en suspenso si se hace el tratamiento satisfactoriamente. Ahora bien, ocurre que aunque el imputado no sea adicto, a veces se hace jugar con él la norma sobre el adicto, que es más conveniente.

Además, el que verdaderamente es enfermo y "no puede comprender la criminalidad del acto", nunca es penado (artículo 34 inciso 1 y 40 y 41 del Código Penal). Como sucede con el delito de aborto y con todo delito.

21. Una experiencia de julio de 2006

Esta escena ocurrió poco antes de mi jubilación. Pedrito vino y se enojó... "por un porrito mirá todo lo que tengo que hacer..., cuando Fulano y Mengano andan en la droga y venden y todos saben y no les pasa nada...".

¿Qué se hizo entonces? El concilio de abogados y empleada aconsejándolo. Se fue convencido. "Falta poco", dijo...

Todo esto es posible y sólo es posible porque tiene detrás a favor la amenaza penal.

La amenaza penal, si es acatada, moviliza a los fiscales, a los defensores, a los jueces, a la policía... un ejército de gente preocupándose por los jóvenes argentinos. Como pasó con el caso de aborto de la Primera Parte. Y muchas veces lo hacíamos juntos, los de la Defensoría, con amigos del Juzgado y con los amigos de la Fiscalía, que entonces estaba en el mismo edificio. Un ejército de funcionarios que el Estado pone preocupándose por el chico más que el chico mismo.

Todo esto no se haría si no estuviera la norma penal...

22. ¿Y cuando vienen los padres?

Breve modificación: Muchas veces ellos no sabían que su chico andaba en estas cosas y con gran estrépito público les habían allanado la casa:

"Mire Doctor ¡qué vergüenza lo que me pasó!"

> – "Agradezca. ¡Cuántos padres no se enteraron nunca y cuando lo supieron ya era tarde! Ya están enfermos irrecuperables, ya están en el negocio, o tienen largas condenas a cumplir. Agradezca Ud. a la policía, agradezca a la ley argentina 23.737, porque cuando los garantoabolicionistas deroguen todo esto, Ud. como padre estará indefenso. Ahora quizá recupere a su hijo".

23. El mensaje que recibe el chico drogadicto

Con el mensaje de la Corte en *Arriola*, los pibes que reciban consejos e inducciones a un tratamiento le dirán a su padre que no le puede imponer nada, porque la Constitución Nacional consagra su derecho a la intimidad, y entonces les amenazará con hacer un juicio de amparo para ejercer sus supuestos derechos, y si mal no viene hacerle perder a Ud. la patria potestad por ser un padre que quiere imponer una moral castradora.

Y Ud. verá cómo, poco a poco, pierde a su hijo; cómo él salta del porrito a las drogas más fuertes, cómo la familia se enferma por la enfermedad de su hijo, y nada le digo si él inicia en la droga a un hermanito... Los dirigentes deportivos han visto el problema en los Estados Unidos. Y, ¿qué han hecho? Pues veamos.

24. Los deportistas y los valores

El extraordinario nadador norteamericano Michael Phelps, ganador de ocho olímpicos oro, fue suspendido por la Federación de Natación de su país al trascender su consumo público de marihuana. Y por el tiempo de la sanción se le quitó apoyo económico. Figuró en los diarios de febrero de 2009.

Los deportistas famosos tienen la carga, paralela a la vidriera que ocupan, de un comportamiento intachable. ¡Cómo hubiéramos querido que a algún deportista famoso nuestro se lo corrigiera a tiempo y rindiera más para nuestra selección y, sobre todo, causara menos escándalos y tuviera más salud!

La referida asociación norteamericana obró solidariamente con los padres, con los jóvenes, y hasta con el propio nadador al que la sanción ha ayudado.

Nos enteramos por los medios de entonces que el propio Phelps *pidió disculpas,* y esto abriga esperanzas de enmienda. ¿Qué más pedir como éxito de una sanción disciplinaria?

25. La bondad de la pena jurídica

Este caso no es propio del derecho penal político, sino que es subpolítico, porque no es el Estado el que castiga sino la Asociación de Natación, pero es perfectamente análogo con aquél.

Se retribuyó la falta cometida por el campeonísimo contra el orden con un castigo que de algún modo restablece el orden y la majestad de las normas morales, que no quedan pisoteadas (fin retributivo); se produjo el escarmiento para el que cometió la falta, que incluso prometió no volver a consumir (!); y hemos de pensar que pudo ejercer la disuasión frente a terceros admiradores del deportista, ante la sanción y ante la respuesta del campeonísimo sancionado; al arrepentirse, si lo hizo en su interior, expió su falta, que es como decir que la borró de su alma. El fin más alto del derecho penal. Se produjo un fin educador en el gran campeón y en los chicos que lo tienen como modelo; quizá él se puso, así, en el camino de la virtud total...

26. El derecho al sarampión seguro

Evidentemente lo que venimos diciendo en esta Parte del libro sobre el tema de la represión normativa de la tenencia de drogas (y aunque sea con una mala aplicación), *tiene notables analogías con lo que hemos dicho en el primero sobre la represión del homicidio prenatal.*

En ambos casos, por de pronto, los reformadores dan una idea falsa del funcionamiento del sistema penal.

En ambos casos, se pone en crisis no sólo el mismo en esos temas, sino que la cosa tiende a extenderse a un abolicionismo total.

En el caso del primer capítulo, el ingenio abortista ha sido producir un argumento tan contraevidente y de hipersensibilidad con la pobre madre mujer pobre, que el interlocutor se siente sorprendido de que la cosa sea tan absurda. Como aquella poesía que dijimos en el Prólogo: "Espuma de leche hervida..."

Porque para que se aborde el problema del sarampión como una emergencia sanitaria, por lógica debe haber:

1) *ante todo un número determinante de* enfermos de sarampión como para encarar una campaña especial antes que otras;

2) *se exige que los propulsores de las novedades legislativas vean al sarampión como algo malo y como una enfermedad* y no como un ideal feminista o ecológico o deportivo o antidiscriminatorio o lo que fuere;

3) y que propongan los *medios adecuados* para el fin bueno de *terminar* con la peste, esto es medios que lo combatan y no que lo contagien. Nos ocuparemos de los tres requisitos.

Ad 1) En el caso del homicidio prenatal, como las leyes son generales deben tener en cuenta las grandes cifras, las estadísticas, lo que surge también del concepto de "emergencia sanitaria". Y como veremos con Mónica Del Río en los Apéndices, *no existe ni por las tapas el primer requisito, y hay problemas sanitarios más urgentes que las muertes de las pobres chicas pobres madres que abortan*. Hay un *no problema* respecto de esto, en cuanto hay muchas otras causas de muertes y muertes de mujeres madres en la Argentina y más urgentes, antes que el aborto provocado. Anticipando los ap*éndices, en nota mencionamos* cifras oficiales[27].

Ad 2) El segundo requisito tampoco se da, porque a pesar de que derramen lágrimas de cocodrilo diciendo que "nadie está por el aborto" y les pegue en medio del hígado

27 El Movimiento Provida ha tomado los datos oficiales de 2016 que indican que ese año murieron 5215 mujeres por deficiencias en la *nutrición*, 233 por *tuberculosis*, 214 por *falta de control y asistencia médica* adecuada durante el embarazo, 5.900 por *cáncer de mama*. Y por 31 mujeres que murieron queriendo abortar lanzan una pretendida emergencia en salud, considerando el embarazo como una enfermedad y no como una perfección y la liquidación del pibe como el remedio. En vez de los medicamentos *contra* el sarampión, proclaman la proliferación del sarampión seguro, libre y gratuito

que nosotros nos llamemos "provida", *viven promoviendo abortos.* En cuanto se enteran de una chica violada embarazada en Quemú-Quemú, Rosario, Malvinas Argentinas, Santa Rosa o la China, o aunque no esté violada lo inventan, salen a invocar los derechos de la mujer y promover el seguro homicidio del chico.

La tesis sobre el aborto de Monseñor Samuel Jofré Giraudo es una especie de historia del camino seguido por la jurisprudencia herodiana para avanzar maquiavélicamente, pisoteando el derecho y asesinando, hacia *el ideal abortista.* Y nuestra sección *Herodianas* del Diario de Filosofía del Derecho ha marcado esa historia, registrando cómo *los jueces argentinos herodianos son responsables muy directos de una verdadera matanza de chicos no nacidos.* Me remito a la bibliografía, citada al final. Por ejemplo "Mató mal el Juez Lozada", "Sostener que porque una conducta determinada no tenga prevista pena en el Código Penal el Ministro de Salud Ginés González García puede dedicarse a matar es un disparate jurídico e incumplimiento de deberes de funcionario público"; etc. [28].

---

28 **La tesis del Obispo católico de Villa María.** JOFRÉ GIRAUDO, Samuel, *Argumentos contemporáneos sobre el derecho a la vida del niño por nacer en la República Argentina*, Tesis para el doctorado en Derecho Canónico, Roma, 2009. La consulté en Internet pero se editó por Advocatus, Buenos Aires, 2011. Los corchetes y subtitulado nos pertenecen. **[Dialogar en el abismo].** Lamentamos haberla leído al cierre de este libro, pero no nos resistimos a una cita: "Aunque el diálogo siempre es positivo en la sociedad, debemos plantearnos la conveniencia de discutir sobre los derechos fundamentales de una persona o grupo. A nadie le resultaría halagüeño que se trate públicamente si tiene derecho a la vida o no. Una invitación a discutir sobre el derecho a la vida de los musulmanes, los judíos o los indígenas sería considerada ofensivamente discriminatoria, con toda legitimidad. *No se puede aceptar un debate sobre el aborto sin precisiones que dejen a salvo la dignidad del niño por nacer.* Diverso es si se trata racionalmente la personalidad del niño por nacer y sus consecuencias. **[Los únicos que argumentan**

3) El tercer requisito, no dándose el segundo, tampoco se cumple. En vez de evitar el sarampión lo promueven como un derecho.

Es evidentemente disparatado que, si hay un problema real sanitario con el sarampión, se empiece proclamando el sarampión seguro, libre, y gratuito. Como sucede con el homicidio prenatal.

Criatura que no entrarás a la fiesta de la vida
Si dieran fuerza de ley a una reforma homicida.

27. Añoranza

Si el Estado suprime el derecho penal sobre la tenencia de drogas y sobre el aborto voluntario, por mala que sea la legislación y defectuosa su aplicación, llegará un momento en que los ciudadanos dirán, recordando la salvación de las vidas y de la salud producidas con las normas del Código Penal y nostálgicos de otra época:

¿Te acordás cuando el Estado nos protegía?

---

religiosamente son herodianos]. Esta racionalidad es la que muchas veces rechazan, hasta explícitamente, quienes quieren disponer del niño por nacer, mientras acusan a los católicos de imponer sus dogmas a los demás. No he encontrado en el período estudiado en Argentina ninguna pretensión de imponer la moral católica a los demás. La única demanda de legislar con criterio confesional en esta materia fue de quienes se oponían a la protección constitucional del niño por nacer en la convención constituyente, porque la Iglesia Católica no había declarado como dogma de fe la personalidad del niño por nacer (Bloque del frente Grande y la UCR)" (pp. 231/232 versión Internet). "Tampoco podemos dejarnos estar frente a la presión abortista de la ONU y la incoherencia de la CIDH. Que estos organismos se hayan olvidado de su objetivo, al punto de estar entre los principales promotores de la muerte de inocentes niños por nacer en el tercer mundo, no puede dejarnos indiferentes" (p. 232).

III
Criatura que no vendrás

Criatura que no vendrás a nuestro suelo argentino
si el Parlamento aprobara cierto proyecto asesino.

Criatura que no entrarás a la fiesta de la vida
si dieran fuerza de ley a una reforma homicida.

Por la cual te negarán la deslumbrante experiencia
de correr esa aventura que supone la existencia.

Aventura extraordinaria, prolongada de tal suerte
que se extiende para siempre, hasta después de la muerte.

Aventura que involucra la gran posibilidad
de alcanzar, poniendo esfuerzo, la eterna felicidad.

Como trágica expresión de un mundo que se derrumba
el vientre de una mujer se transformaría en tu tumba.

Criatura ¿será posible que te nieguen disfrutar
de la cálida alegría que florece en un hogar?

¿Qué no puedas admirar la figura de tu padre,
ni contar con el amparo que siempre brindó una madre?

¿Qué no te dejen jugar ni concurrir a la escuela,
ni empezar a conocer tu nutrida parentela?

¿Qué te priven de ir al templo y de amar a tu bandera,
de tu manera de ser y de tu cita primera?

¿De formar una familia, de seguir tu vocación,
de recibir a los hijos que sean fruto de tu unión?

¿De sentir el apretón de la mano de un amigo
que ya sepa que en las malas se puede contar contigo?

¿De recorrer el camino con el ritmo de tu paso
desde el principio hasta el fin, desde el alba hasta el ocaso?

¿De agradecer el comienzo y el fin de cada jornada,
de valorar el ejemplo de cada persona honrada?

¿De asombrarte contemplando el discurrir de los astros
y la armonía de paisajes donde Dios dejó sus rastros?

Te quieren arrebatar la esperanza de vivir,
roguemos que no consigan su propósito cumplir.

Criatura que no vendrás a nuestro suelo argentino
si el Parlamento aprobara cierto proyecto asesino.

Juan Luis Gallardo
Septiembre 2010

La ilustración está tomada del libro *Historia Sagrada para chicos argentinos*, de J.L.G..

APÉNDICES

Los subrayados en negrita
y los corchetes nos pertenecen (H.H.)

1
Cómo opera el abortismo según "El Rey del Aborto"

"No podemos
con una careta de izquierda,
cumplir los planes
del FMI o del Banco Mundial".
Roberto Castellano

Carta abierta del Dr. Bernard Nathanson

"**Soy responsable directo de 75.000 abortos**, lo que me empuja a dirigirme al público poseyendo credibilidad sobre la materia.

[Cómo consiguieron el fallo de la Corte]Fui uno de los fundadores de la Asociación Nacional para Revocar las Leyes sobre el Aborto en los Estados Unidos, en 1968. Entonces una encuesta veraz hubiera establecido el hecho de que la mayoría de los norteamericanos estaban en contra de leyes permisivas sobre el aborto. No obstante, a los 5 años conseguimos que la Corte Suprema legalizara el aborto, en 1973. ¿Cómo lo conseguimos? Es importante conocer las tácticas que utilizamos, pues con pequeñas diferencias se repitieron con éxito en el mundo Occidental.

[Medios de comunicación. Encuestas falsas] Nuestro primer gran logro fue hacernos con **los medios de comunicación**; les convencimos de que la causa proaborto favorecía un avanzado liberalismo y sabiendo que en encuestas veraces seríamos derrotados, amañamos los resultados con encuestas inventadas y las publicamos en los medios; según ellas el 60% de los norteamericanos era favorable a la implantación de leyes permisivas de aborto. **Fue la táctica de exaltar la propia mentira y así conseguimos un apoyo suficiente, basado en números falsos sobre los abortos ilegales que se producían anualmente en USA**. Esta cifra era de 100.000 (cien mil) aproximadamente, pero la que reiteradamente dimos a los medios de comunicación fue de 1.000.000 (un millón). Y una mentira lo suficientemente reiterada, la opinión pública la hace verdad. El número de mujeres que morían anualmente por abortos ilegales oscilaba entre 200 y 250, pero la cifra que continuamente repetían los medios era 10.000 (diez mil), y a pesar de su falsedad fue admitida por muchos norteamericanas convenciéndoles de la necesidad de cambiar las leyes sobre el aborto.

[El mito de que con el aborto legal se mataría menos] Otro mito que extendimos entre el público, es que el cambio de las leyes solamente implicaría que los abortos que se practicaban ilegalmente, pasarían a ser legales. Pero la verdad es que actualmente, **el aborto es el principal medio para controlar la natalidad en USA**. Y **el número de anual de abortos se ha incrementado en un 1500%,** 15 veces más.

[El enemigo la Iglesia] La segunda táctica fundamental fue **jugar la carta del anticatolicismo**.

Vilipendiamos sistemáticamente a la Iglesia Católica, calificando sus ideas sociales de retrógradas; y atribuimos a **sus Jerarquías** el papel del "malvado" principal entre los opositores al aborto permisivo. Lo resaltamos incesantemente. Los medios reiteraban que la oposición al aborto procedía de dichas Jerarquías, no del pueblo católico; y una vez más, falsas encuestas "probaban" reiteradamente que la mayoría de los católicos deseaban la reforma de las leyes antiaborto. Y los tambores de los medios persuadieron al pueblo americano de que cualquier oposición al aborto tenía su origen en la Jerarquía Católica y que los católicos proaborto eran los inteligentes y progresistas. El hecho de que grupos cristianos no católicos, y aún ateos, se declarasen pro-vida, fue constantemente silenciado.

[Denigrar la ciencia sobre el origen del ser humano] La tercera táctica fundamental fue denigrar o ignorar, **cualquier evidencia científica de que la vida comienza con la concepción**.

[La Fetología me hizo cambiar] Frecuentemente me preguntan qué es lo que me hizo cambiar. ¿Cómo pasé de ser un destacado abortista a un abogado pro-vida? En 1973 llegué a ser Director de Obstetricia en un gran Hospital de la ciudad de Nueva York, y tuve que iniciar una unidad de investigación perinatal; era el comienzo de una nueva tecnología que ahora utilizamos diariamente para estudiar el feto en el útero materno. Un típico argumento pro aborto es aducir la imposibilidad de definir cuándo comienza el principio de la vida, afirmando que ello es un problema teológico o filosófico, no científico. **Pero la Fetología demuestra la evidencia de que la vida comienza en la concepción** y requiere toda la protección de que gozamos cualquiera de nosotros.

[La pregunta del millón] ¿Entonces, por qué algunos doctores, conocedores de la Fetología, se desacreditan practicando abortos?

[Negocio del aborto] Cuestión de aritmética: **a 300 dólares cada uno, un millón quinientos cincuenta mil (1.550.000) abortos en los Estados Unidos, implican una industria que produce 500 millones de dólares anualmente**. De los cuales, la mayor parte van a los bolsillos de los doctores que practican el aborto.

[Premeditada destrucción de vidas humanas]. Es un hecho claro que el aborto voluntario es una premeditada destrucción de vidas humanas. Es un acto de mortífera violencia. Debe de reconocerse que un embarazo inesperado plantea graves y difíciles problemas. Pero acudir para solucionarlo a un deliberado acto de destrucción supone podar la capacidad de recursos de los seres humanos; y, en el orden social, subordinar el bien público a una respuesta utilitarista.

[Cuándo comienza la vida humana] Como científico no creo, yo sé y conozco que la vida humana **comienza en la concepción**. Y aunque no soy de una religión determinada(*) creo con todo mi corazón que existe una divinidad que nos ordena finalizar para siempre este infinitamente triste y vergonzoso crimen contra la humanidad".

(*) **Nota**: 4 años después, en 1996, Bernard Nathanson se bautizó en la Iglesia Católica. El Dr. Nathanson falleció el 21 de febrero de 2011. Cfr. su libro *La mano de Dios. Autobiografía y conversión del llamado ´Rey del Aborto´"*, trad. Enrique Ramírez 4ª. Ed., libros MC, Edicioens Palabra, Madrid, 1999.

Fuente: https://laverdadofende.blog/2013/05/01/carta-abierta-del-dr-bernard-nathanson/

2
Imperialismo y aborto

1. Desde el Movimiento Provida se ha denunciado: Que hay una campaña internacional, de las Naciones Unidas y otras muchas organizaciones internacionales y particulares, sobre todo financieras, para promover el control de la natalidad, sobre todo el aborto, en nuestras naciones. Citaremos muy pocos testimonios.

Sanahuja. El Padre Claudio Sanahuja, fallecido hace poco, ha publicado incansablemente sobre el tema, incluso varios libros. En el último, casi póstumo (*Poder Global y Religión universal*, Librería Córdoba, 2016) señala cómo, inaugurando el 66 período de sesiones de las naciones Unidas, se presentó el informe anual del Alto Comisionado para los Derechos Humanos, **"que hace del aborto parte del concepto de ´salud materna´ y lo convierte en un derecho humano"** (op. cit., p. 48). **Scala.** De los numerosos trabajos de Jorge Scala sobre el tema rescatemos su título *La IPPF. (Federación Internacional de paternidad planificada) La internacional de la muerte*, JC Ediciones, Rosario, 1995). Allí transcribe un *"instrumentum laboris"* del Pontificio Consejo para la Familia, que señala "El movimiento pro-aborto, en el nivel internacional, se basa sobre todo sobre la actividad del IPPF (*International Planned Parenthood Federation*) y sobre otros organismos que actúan en la perspectiva neo-malthusiana del control democrático obtenido también a través de la promoción del aborto" (p. 13). Muestra la similitud de tal política con la ideada por los nazis sobre la Rusia ocupada: "Habrá que facilitar la creación de instituciones especiales para el aborto, entrenar respecto a esto a parteras o enfermeras" (p. 17). Scala fue de los primeros en denunciar entre nosotros **el Informe Kissin-**

ger, adoptado por el Presidente Ford en los Estados Unidos, "como parte esencial de la política norteamericana" (p. 25). Según él, el crecimiento poblacional de nuestros países del Tercer Mundo atenta contra la seguridad de los EEUU, por lo que hay que tratar por todos los medios de que se controle nuestra natalidad, tratando de que esto no se sufra como una imposición yanqui sino como algo que proviene de los líderes vernáculos. **Morelli.** Baste citar el título de su libro ***El aborto ¿Delito o derecho? La cara oculta del imperialismo*** **demográfico**, citado más arriba, con este subtítulo entre otros: "**La ONU** y el control de la natalidad". **Schooyans.** Y, último pero principalísimo, hay que citar el trabajo de Schooyans ya reportado varias veces, cuyo subtítulo "Implicaciones políticas" indica el desenlace del libro, dedicado en el capítulo XVII a la "seguridad demográfica" alentado por los Estados Unidos y por los ricos del mundo para controlar nuestra población, entre otros medios por el aborto. No olvida comenzar por el "panamericanismo" (p. 176); de aludir a las ideas de Rockefeller y Brzezinski y la "comisión Trilateral" (p. 178): "¡Multimillonarios de todos los países, uníos!" (p. 179); recuerda el "antiguo mesianismo norteamericano" redivivo con estas intervenciones (p. 181); y la nueva "élite dominante internacional" abortista (p. 182). **"Los medios de comunicación** [...] tienen también, en el marco de este proyecto totalizador, una función de ocultación indispensable [...] **Lo único que de verdad importa es la seguridad de los pudientes; los débiles no tienen precio: los ricos pueden, pues, disponer de ellos a su antojo y exiliarlos fuera de las fronteras de la humanidad** (p. 196). "Los proyectos de legalización no son, en suma, como hemos visto, más que la parte visible de un iceberg que oculta muchos peligros" (p. 197).

Cfr. sobre el tema **Obiglio, Hugo,** "Bioética y Biopolítica", en CENTOLIAR (AAVV), *Valor de la vida. Cultura de la muerte*, 2da. Edición, Santa Fe de la Vera Cruz, 1998, pp. 243 y ss.

2. Se reconoce desde la vereda de enfrente

"Las propuestas abortistas genocidas" según el abortista Zaffaroni. [Es el título del párrafo 4 del capítulo II, del libro citado más abajo] "Uno de los problemas más graves para los países centrales es el aumento de población en los países periféricos y de la propia población marginada en los centrales. [...]. El 92 % del crecimiento de la población en el año 2000 correspondería a los países subdesarrollados. Obviamente, esto hará que en el año 2000 la población de los países periféricos esté dominada por un alto porcentaje de jóvenes, en tanto que en los países centrales dominen los viejos o, al menos, su carga sea mucho mayor [...] (p. 46).

La acción genocida del poder mundial en la emergencia según el hoy abortista Zaffaroni. "Para ello, el poder quiere eliminar cualquier disfuncionalidad que amenace su estabilidad, no dudando en acudir a propuestas y a prácticas evidentemente genocidas, que parecen moneda corriente en la ideología contemporánea. [...].La disminución del porcentaje de ´población civilizada´ en el mundo resulta alarmante para el centro, que propone ´salvar la civilización´ en la medida en que sea posible, valiéndose de la manipulación de la ayuda alimentaria, que únicamente sería dirigida a países que acepten planes de control de la natalidad [...] (p. 47).

Genocidio por omisión según el abolicionista y abortista Zaffaroni. "Se postula *un genocidio por omisión,* [subrayado en el texto] a la vez que un sometimiento colonial mediante la manifestación de la ayuda alimentaria, como signo de sentimientos humanitarios y elevados [...] Se afirma, pues, que lo peor que puede hacerse es un mal entendido humanitarismo, pues ´el niño salvado ahora se convertirá mañana en un reproductor. Movidos por nuestra compasión les enviamos alimentos, pero ¿no es verdad que es para esta la mejor manera de aumentar la miseria de una nación superpoblada? Las bombas atómicas serían más benevolentes´ (cita de Garrett Hardin). Las piadosas bombas de estos ideólogos anuncian directamente el destino que el poder depara a gran parte de la población mundial. **Si estas propuestas no merecen el calificativo de genocidas, si las campañas de esterilización y aun la esterilización sin consentimiento –que se ha practicado con engaño en varias zonas del planeta- no constituyen un genocidio, debemos concluir que el ´genocidio´ solamente es tal cuando tiene víctimas en los países centrales"**(p. 47) [Subrayado H.H.].

Anticoncepción, aborto y esterilización como medios para el genocidio según Zaffaroni. "Las técnicas de los países centrales se esfuerzan por [...] facilitar la reproducción en parejas que no pueden reproducirse normalmente [...] mientras permiten y aun aconsejan la muerte ´humanitaria´ de millones de seres humanos en la periferia. [...] Esta ideología **no queda en los documentos de meros especuladores de gabinete, sino que se lleva a la práctica y se instrumenta, entre otras cosas, mediante una multinacional de la anticoncepción, el aborto y la esterilización, que controla foros y congresos internacionales**" (p. 48) [Subrayado H.H.].

La genocida IPPF y el control genocida según Zaffaroni. "El control de la Segunda Conferencia Internacional sobre la Población por parte de **una de estas poderosas multinacionales – la Federación Internacional para la Paternidad Planificada** - fue denunciada por el Vaticano. La visión que este control genocida proporciona es poco menos que aterradora: islas de ´civilización industrial´ controlando un mundo en el cual la mayoría de la población muere de hambre y presenta toda clase de taras físicas, y psíquicas, como consecuencia de habérsele negado cualquier género de asistencia. Por supuesto que la ´piadosa´ bomba neutrónica podría limpiar el planeta de la humanidad sobrante en forma más expeditiva y con menos dolor" [...] (p. 48).

Genocidio neonazi según Zaffaroni. "Es absurdo seguir pensando que el nacionalismo alemán tuvo el monopolio de la ideología genocida, y resulta particularmente alarmante que la propia ´intelectualidad de la periferia no se percate de ello, pues la ideología genocida demuestra la total falta de escrúpulos del poder central, en tanto que la falta de conocimiento y conciencia del planteo genocida actual, demuestra el grado de colonización y el formidable poder manipulador sobre las clases medias periféricas"(p. 49).

Fuente: El libro de Zaffaroni *Criminología (aproximación desde un margen)*, segunda reimpresión, Temis, Bogotá, 1998, p. 48 y ss.

3
"Argentina necesita aborto legal, seguro y gratuito"

El Banco Mundial da libreto a nuestros diputados

Sucesión temporal, ¿y causal? La sucesión temporaria de algunos hechos puede indicar sucesión **causal,** cuya dilucidación dejo al lector patriota y a los jóvenes estudiosos. **1)** En **febrero** de 2018 visitó la Argentina **Margo Thomas, exfuncionaria del Banco Mundial** y actual consultora sobre empoderamiento económico de las mujeres, "copresidenta del grupo de trabajo de género del T20, grupo de afinidad coliderado por las organizaciones argentinas Cippec y CARI". **2)** En **marzo** el Presidente Macri "habilita", como se dijo, discutir si se dará piedra libre a la matanza de chicos saldando una "deuda de la democracia" (sic). **3)** Entonces se reactivaron los **proyectos legislativos abortistas**. **4)** En mayo grupos financieros organizaron un ataque a la economía, eufemizado como una **revolución de "los mercados"** ante las cuales el gobierno se rindió, se puso el foco del problema argentino en el déficit y en que somos un pueblo gastador, lanzando un re-reajuste que reventará al pueblo.

Libreto. El 7 de febrero de 2018 la Thomas es entrevistada por el diario *El Cronista* y lanza estas declaraciones haciéndose eco de la doctrina Rockefeller: "si las mujeres tienen control sobre sus cuerpos y su habilidad de concebir, ello mejora su calidad de vida y la de sus familias". "Hay varios argumentos que avalan la necesidad de aprobar **una ley de interrupción voluntaria del embarazo en la Argentina**. Más allá de las opiniones personales, las organizaciones de mujeres insisten con que **el acceso al aborto legal, seguro**

y gratuito es una cuestión de salud pública. Y la salud es un derecho humano. De los aproximadamente 500.000 abortos que se realizan al año de manera clandestina en el país, aproximadamente 100 terminan en la muerte de la mujer y el feto". **[V. Apéndice n°9]**. "¿El motivo? A pesar de la prohibición, las mujeres abortan igual y lo hacen de la manera que tienen al alcance. Algunas pueden pagar una intervención en óptimas condiciones y otras no tienen más opción que recurrir a alternativas poco sanitarias. Son las mujeres pobres las que corren mayores riesgos". **[Exactamente el libreto derechumanista que se oye en el Congreso]** "Si las mujeres tienen control **sobre sus cuerpos y su capacidad de concebir**, eso tiene mejor resultado para sus vidas y para la calidad de vida de los chicos, porque se pueden ocupar mejor ellos, en el caso de que los tengan. **[¿Calidad de vida, dijiste?]** Lo que sabemos ahora es que si las mujeres tienen un mejor acceso a los recursos, los resultados para las familias son mejores. Los niños son más saludables, comen mejor **[Los que Uds. matan obviamente no tienen ya ni calidad ni vida ni son saludables y, obviamente, no comen... Uds. asesinan]**.

Fuente: Reportaje de Epifanía Pozzo, *El Cronista,* 7 de febrero de 2018.

Colaboración de Juan Manuel Clérico (San Francisco), Roberto Castellanos (Buenos Aires).

4
Dólares para matar

Ochocientos setenta y un mil doscientos veintidós dólares gastó en 2016 en promover el aborto en la Argentina la Planned Parenthood de los EE.UU.

Los 871.222 dólares se desglosan así:
451.718 dólares para la FUSA, Salud Integral con Perspectiva de Género y derechos;
244.320 para Asociación Católicas por el derecho a decidir argentina
67.834 Centro de Estudios de Estado y Sociedad
44.850 Asociación Civil Pro Aministía
32.500 Centro de Estudios Legales y Sociales
30.000 Fundación Universidad de Palermo

Imperialismo abortista

Fuente: https://www.ippf.org/sites/default/files/financialreport_2014-2015.pdf

Añádase lo que aportan las multinacionales como McDonalds, Starbucks. Lista más completa en www.goo.gl/tsONKT .Más información http://www.goo.gl/tsONKT Y https://chn.ger/2EOirQw

Colaboración Juan Manuel Clérico

Nota: Consecuencias de Malvinas. Nota sobre el CELS: Nuestra opinión, que creemos fundada pero no podemos explicar aquí, es que una *concausa* importantísima en la crisis jurídica, militar, de seguridad, de soberanía, de la Argentina, tiene que ver con la derrota en la guerra de Malvinas. El principal agente del cambio jurídico en la Argentina ha sido el CELS, dirigido por Horacio Verbitzsky, oficial de la Inteligencia del

Ejército Montoneros. Que además tuvo decisiva participación en el avance del Movimiento Garantoabolicionista sobre la Corte propiciando la entrada de Zaffaroni, considerado por el derechumanismo de izquierda como juez colaborador del proceso militar. Un índice de su vinculación importante con la vencedora de la guerra, Inglaterra, es el subsidio que recibe del *Foreign Office*: Según figuraba en Internet en su Página Web respectiva el lunes 5 de julio de 2010, hora 18:09:44 la embajada y la cancillería británicas estipendian al Centro de Estudios Legales y Sociales Además de agradecer al *Foreign and Commonwealth Office* y a la *British Embassy Buenos Aires*, allí se hace lo propio con la Fundación Ford y otras norteamericanas, entre tantas. "El CELS reconoce gratamente el apoyo brindado durante los últimos años por las siguientes fundaciones", se lee. [...]". No lo he vuelto a encontrar en su página.

5
Inconstitucionalidad e ilegalidad del aborto en el Derecho Argentino

Carta dirigida al Congreso de la Nación por el Abogado Silvano Penna (Profesor y ex Decano de Derecho en la Universidad FASTA).

Mar del Plata, 13 de marzo de 2018.

Al Honorable Congreso de la Nación:

En mi condición de ciudadano interesado en colaborar con la enorme tarea a cargo de los honorables legisladores de la República Argentina, me dirijo a ese cuerpo a fin de ofrecer un servicio ("ad honorem") vinculado al proyecto de ley de "aborto no punible" que deberán tratar en ambas Cámaras en los próximos meses.

Mi aporte consiste simplemente en indicar qué normas deberían ser DEROGADAS en caso de sancionarse el proyecto:

1. El Preámbulo de la Constitución Nacional, en cuanto invoca "la protección de Dios, fuente de toda razón y justicia".
2. El art. 75 inc. 22 de la Constitución Nacional, en cuanto incorpora con rango constitucional los Tratados suscritos por la Argentina como Estado soberano. En función de lo anterior se deberán denunciar los siguientes Tratados Internacionales y artículos: el art. 6 del Pacto Internacional de Derechos Civiles y Políticos, Nueva York, 1966: "El derecho a la vida es inherente a la persona humana. Este derecho estará protegido por la ley. Nadie

podrá ser privado de la vida arbitrariamente". En el art. 1 de la Declaración Americana de los Derechos y Deberes del Hombre: "Todo ser humano tiene derecho a la vida, a la libertad y a la integridad de su persona". En el art. 3 de la Declaración Universal de Derechos Humanos adoptada por la Asamblea General de la ONU el 10 de diciembre de 1948: "Todo individuo tiene derecho a la vida, a la libertad y a la seguridad de su persona". En el art. 4 de la Convención Americana sobre Derechos Humanos llamada Pacto de San José de Costa Rica, 1969 (aprobada por ley 23.054): "Toda persona tiene derecho a que se respete su vida. Este derecho estará protegido por la ley y, en general, a partir del momento de la concepción. Nadie puede ser privado de la vida arbitrariamente". En el art. 6º de la Convención sobre los Derechos del Niño "1. Los Estados Partes reconocen que todo niño tiene el derecho intrínseco a la vida. 2. Los Estados Partes garantizarán en la máxima medida posible la supervivencia y el desarrollo del niño". Poco antes, en su artículo 1 había establecido que "Para los efectos de la presente Convención, se entiende por niño todo ser humano menor de dieciocho años de edad, salvo que en virtud de la ley que le sea aplicable, haya alcanzado antes la mayoría de edad", a lo que la República Argentina formuló la siguiente declaración interpretativa al ratificar la Convención: "Con relación al artículo 1º de la Convención sobre los Derechos del Niño, la República Argentina declara que el mismo debe interpretarse en el sentido que se entiende por niño todo ser humano desde el momento de su concepción y hasta los 18 años de edad" (ley 23.849).

3. El art. 75 inc. 23 de la Constitución Nacional que ordena al Congreso "legislar y promover medidas de

acción positiva que garanticen la igualdad real de oportunidades y de trato, y el pleno goce y ejercicio de los derechos reconocidos por esta Constitución y por los tratados internacionales vigentes sobre derechos humanos, en particular respecto de los niños, las mujeres, los ancianos y las personas con discapacidad. Dictar un régimen de seguridad social especial e integral en protección del niño en situación de desamparo, desde el embarazo hasta la finalización del período de enseñanza elemental, y de la madre durante el embarazo y el tiempo de lactancia".

4. Todas las Constituciones Provinciales que contengan normas similares a la de provincia de Buenos Aires, que en su artículo 12 expresa: "Todas las personas en la Provincia gozan, entre otros, de los siguientes derechos: 1) A la vida, desde la concepción hasta la muerte natural ..."
5. Los arts. 85 y ssgts. del Código Penal de la Nación, que tipifican el delito de aborto, y que se encuentran en el Capítulo denominado "Delitos contra la Vida", dentro del Título llamado "Delitos contra las Personas".
6. El art. 19 del Código Civil y Comercial de la Nación, que dice: "La existencia de la persona humana comienza con la concepción", y todas las normas ssgts. y ccdts. referidas a los derechos de la persona por nacer.
7. El Régimen de Asignaciones Familiares que en su artículo 9º establece el derecho a percibir la asignación prenatal, desde el momento de la concepción hasta el nacimiento.
8. El Decreto P.E.N. 1406/98 que instituye el "Día del Niño Por Nacer" el día 25 de Marzo, en cuyos considerandos, entre otras cosas, dice: "Que la vida comienza

en el momento de producirse la concepción" ... "Que el derecho a la vida no es una cuestión de ideología ni de religión sino una emanación de la naturaleza humana".

9. Los Principios generales del derecho, admitidos por la jurisprudencia nacional y extranjera, tales como: a) el principio de igualdad, recogido también en nuestra Constitución Nacional (art. 16), que implica el pre–supuesto de que todos los hombres son iguales, iguala los derechos del nasciturus a los de la madre o los de la sociedad; y b) el principio de la duda, que implica que en caso de duda siempre hay que estar a favor del más débil. Si esto es así en el caso del delincuente – "in dubio pro reo" – y en el caso de trabajador – "in dubio pro operario" – con mucha más razón debemos admitirlo en el caso de la persona por nacer y su derecho a la vida.
10. El derecho natural, aceptado por los organismos internacionales, en cuanto ordenan a los Estados "reconocer" los derechos fundamentales que las personas tienen por sí mismas, y que, por lo tanto, los Estados no pueden "desconocer". Entre esos derechos, el derecho a la vida es fundamental y se le debe reconocer a toda persona por el solo hecho de serlo.

Esperando haber sido de utilidad con este aporte, saludo a los Sres. Legisladores con atenta y distinguida consideración.

Fdo. Silvano Penna

Nota: En el cuerpo del libro se mencionan los dictámenes de inconstitucionalidad de Ricardo Bach de Chazal, Alberto Rodríguez Varela, de Mariano Morellli y Marcelo Sancinetti. Hay muchos más.

6
Cuándo comienza a existir el ser humano

"Los proabortistas piden educación sexual,
pero no aceptan nada que venga de la ciencia...
¿qué van a enseñar entonces?
Anónimo Provida

Dictamen de la "Academia Nacional de Medicina"

"La ACADEMIA NACIONAL DE MEDICINA expresa a la comunidad su opinión sobre el aborto provocado. Cumple con ello uno de los objetivos fundamentales explicitados en sus Estatutos, cual es: "Expresar opinión sobre asuntos de interés trascendente, relacionados con las ciencias médicas o conexas o afines."

La vida humana comienza con la fecundación, esto es un hecho científico con demostración experimental; no se trata de un argumento metafísico o de una hipótesis teológica. En el momento de la fecundación, la unión del pronúcleo femenino y masculino dan lugar a un nuevo ser con su individualidad cromosómica y con la carga genética de sus progenitores. Si no se interrumpe su evolución, llegará al nacimiento.

Como consecuencia, **terminar deliberadamente con una vida humana incipiente es inaceptable**. Representa un acto en contra de la vida, pues la única misión de cualquier médico es proteger y promover la vida humana, nunca destruirla. Esta convicción está guardada en la cultura mundial y muy notablemente en el Juramento Hipocrático.

Siendo el derecho a la vida el primero de los derechos personalísimos, toda legislación que autorice el aborto es una negación de estos derechos y por lo tanto de la medicina misma.

Con los adelantos tecnológicos actuales en Reproducción Humana para combatir la mortalidad perinatal, salvando fetos y recién nacidos enfermos, resulta un absurdo la destrucción de un embrión o feto.

Se utiliza como argumento para promover aborto, el crecimiento desmedido de la población mundial, que impediría el desarrollo económico de los pueblos. Al respecto, cabe señalar que los cálculos realizados no se han cumplido, y que el desarrollo económico debe dirigirse a buscar nuevos canales de producción.

También se utiliza para promover el aborto legalizado, la mayor morbimortalidad materna del aborto clandestino. Se debe puntualizar que, si bien la morbimortalidad materna es mayor en estos últimos, no es exclusivo de ellos, pues **el daño también es inherente al procedimiento mismo por la interrupción intempestiva y artificial del embarazo.**

Hay experiencia mundial en que la legislación del aborto no termina con el clandestino, pues **es un procedimiento que se prefiere ocultar**. La disminución de muertes maternas esperada con la legalización se acompañará de mayor número de abortos, es decir mayor número de muertes fetales. **Hay experiencia mundial que a la legalización del aborto sigue la legalización de la eutanasia en recién nacidos.**

Esta declaración fue aprobada por el Plenario Académico en su Sesión Privada del 28 de julio de 1994 y publicada como "Solicitada" en "LA NACIÓN" y "CLARÍN" el día 4 de agosto de 1994."

Fuente: https://www.acamedbai.org.ar/pdf/declaraciones/Academia%20Nacional%20de%20Medicina%20(3).pdf

Nota:

I. Este criterio de la Academia Nacional de Medicina fue reiterado en sus declaraciones del 30 de septiembre de 2010 y del 22 de marzo de 2018, https://www.acamedbai.org.ar/anm.php#declaraciones (fecha de última consulta: 21/05/2018).

II. Aunque entiendo lo que se quiere decir, el derecho a no ser muerto injustamente o al respeto de la vida del inocente **no puede entenderse como primer derecho subjetivo en sentido ontológico**. Los derechos subjetivos existen en concreto, aunque la vida (bien a tutelar por la comunidad política) sea **un presupuesto** para todo el desarrollo de la persona humana y, por supuesto, para que tenga derechos. Pero si el derecho a la vida fuese el más importante los mártires serían graves pecadores (Desarrollo el tema en mi libro *Derecho Subjetivo. Derechos Humanos. Doctrina solidarista*, Abeledo Perrot, Buenos Aires, 2000, p. 217 y ss., p. 226: Discusión con Bidart Campos al respecto).

III. Más adelante se ve que el fundador de la genética moderna, Lejeune, sostenía lo mismo, que la Academia argentina, como toda la ciencia.

7
"Les pido por favor que no maten a los niños"

"El aborto es hacer la guerra al niño"

Madre Teresa de Calcuta

[...] **La amenaza más grande que sufre la paz hoy en día es el aborto**, porque **aborto es hacer la guerra al niño**; el niño inocente muere a manos de su propia madre. **Si aceptamos que una madre pueda matar a su propio hijo, ¿cómo podremos decirle a otros que no se maten?** [...]Hay que ayudar a la madre que está pensando en abortar[...]. **El país que acepta el aborto no está enseñando a su pueblo a amar sino a aplicar la violencia para conseguir lo que se quiere.**

Hay mucha gente muy preocupada por los niños de la India o Africa, donde mueren tantos de hambre. Mucha gente está preocupada por la violencia en esta gran nación de los Estados Unidos. Está muy bien que estemos preocupados por todo eso. Pero a menudo esa misma gente **no se preocupa por los millones de seres humanos aniquilados por decisión de sus propias madres**. [...] El niño es un regalo de Dios para la familia. Cada niño ha sido creado a imagen y semejanza de Dios para cosas grandes, para amar y ser amado.

"No maten al niño. Nosotros nos hacemos cargo de él"

Les confiaré algo hermoso: **estamos combatiendo el aborto con la adopción: cuidamos a la madre y adoptamos a su hijo**. De ese modo hemos salvado miles de vidas. Hemos enviado comunicados a las clínicas, diciéndoles: "Por favor, no maten al niño: nosotros nos haremos cargo de él". Siempre hay alguno de los nuestros que les dice a las madres en problemas: "Venga, la cuidaremos y hallaremos un hogar para su hijo". Y así tenemos una gran demanda de niños por parte de matrimonios que no pueden tener hijos. [...]. Jesús dijo: "El que recibe a uno de estos pequeños, a mí me recibe". Al adoptar un niño, esos matrimonios están recibiendo al mismo Señor. Les pido por favor que no maten a los niños. Yo quiero esos niños. ¡Dénmelos! Estoy dispuesta a aceptar todo niño que se pretenda abortar y darlo a un matrimonio que lo ame y a su vez sea amado por el niño. Sólo en nuestro hogar infantil de Calcuta hemos reunido 3.000 niños que han sido salvados del aborto. Niños que luego han brindado mucho amor y alegría a sus padres adoptivos. [...]

Morales Solá le hace eco:

"Existe también en muchos [sobre el tema del aborto] una convicción más filosófica que religiosa. Si el Estado puede autorizar el fin de una vida inocente, ¿cuál será en adelante la frontera que distinguirá los derechos humanos?"

Fuentes: Discurso de la Madre Teresa de Calcuta el 4-II-1994 en el Desayuno anual de oración convocado por el Congreso de los Estados Unidos; dicho ante el Presidente Clinton. Reproducido en innúmeros lugares de Internet. Lo tomamos de *Valor de la Vida.Cultura de la muerte*, AAVV, Centro Tomista del Litoral Argentino, segunda edición, Santa Fe de la Vera Cruz, 1998, p. 233/239.

"Crece la tensión entre Macri y el Papa", en *La Nación*, 4-III-2018, https://www.**lanacion**.com.ar/2113917

8
"El privilegio y el honor" que tenemos los católicos de pelear por la vida del inocente

Norberto Bobbio y el aborto

[Norberto Bobbio, (1909-2004), profesor italiano de filosofía del derecho, erudito, no riguroso, muy prolífico, que supo estar de moda y quizá todavía lo esté a mérito de su estilo ameno y concreto y su apelación permanente a problemas actuales. Sinónimo de político ateo; socialista; fue senador. Extraemos partes de la entrevista que publicó *"Il Corriere della Sera"* en mayo de 1981, cuando se planteó en Italia el tema del aborto. Utiliza la categoría de "conflicto de derechos", que es incorrecta, porque no puede haber conflicto de verdaderos derechos. No obstante, da la primacía al derecho de la vida del pibe en el útero. "Laico" es para nosotros el católico que no es sacerdote ni religioso En Italia y aquí se suele usar erróneamente la palabra como lo hace Bobbio, para aludir al "laicista" = que prescinde de Dios en la vida social = Ateísmo social].

Norberto Bobbio: "No veo qué sorpresa puede haber en el hecho de que un laico considere como válido en sentido absoluto, como un imperativo categórico, el ´no matar`. Y a mi vez me sorprende que los laicos dejen a los creyentes el privilegio y el honor de afirmar que no se debe matar. [... Viene hablando de los conflictos de derechos y deberes...] He hablado de tres derechos. El primero, el del concebido, es el fundamental; los otros, el de la mujer y el de la sociedad, son derechos derivados. Por otro lado, y para mí este es el punto central, el derecho de la mujer y el de la sociedad, que suelen esgrimirse para justificar el aborto, pueden ser satisfechos sin necesidad de recurrir al aborto, evitando la concepción. Pero una vez que hay concepción, el derecho del concebido sólo puede ser satisfecho dejándole nacer.

CdS: ¿Cuál es su crítica a la ley 194 [la ley italiana sobre el aborto]?

N.B.: Su primer artículo dice que el Estado "garantiza el derecho a la procreación consciente y responsable". Según creo, este derecho sólo tiene razón de ser si se afirme y se acepta el deber de una relación sexual consciente y responsable, esto es, entre personas que conocen las consecuencias de sus actos y están dispuestas a asumir las obligaciones que de ellos se derivan. Reenviar la solución al momento en el que la concepción ya se ha producido, esto es, cuando las consecuencias que se podían evitar no se han evitado, esto me parece que es huir del fondo del problema (...).

CdS: ¿Y si derogando la ley se volviera al drama y a la injusticia del aborto clandestino? El aborto es una triste realidad, no se puede negar.

N.B.: El hecho de que el aborto esté extendido es un argumento debilísimo desde el punto de vista jurídico y moral. Me sorprende que se adopte con tanta frecuencia. Los hombres son como son, pero precisamente por eso existen la moral y el derecho. El robo de automóviles, por ejemplo, está muy extendido y es algo ya casi impune, pero ¿eso legitima el robo? (...). [...viene hablando de Stuart Mill y los derechos subjetivos]

CdS: ¿Puede valer esto también en el caso del aborto?

N.B.: Dice también Stuart Mill: "Sobre sí mismo, sobre su mente y sobre su cuerpo, el individuo es soberano". Ahora las feministas dicen: "Mi cuerpo es mío y lo gestiono yo". Parecería una perfecta aplicación de este principio. Pero yo digo que aplicar ese razonamiento al aborto es aberrante.

El individuo es uno, singular, pero en el caso del aborto hay un "otro" en el cuerpo de la mujer. El suicida dispone de su propia vida. Con el aborto se dispone de una vida ajena.

CdS: Toda su larga actividad, profesor Bobbio, sus libros, sus enseñanzas, son el testimonio de un espíritu firmemente laico. ¿Imagina cuál será la sorpresa en el mundo por estas declaraciones suyas?

Fuente: ttps://www.bing.com/search?q=bobbio+aborto&form=PRARES&pc=EUPP_UE01&httpsmsn=1&refig=cda09d6e49f149c99dcdec1c39cd8c82&sp=-1&pq=bobbio+aborto&sc=0-13&qs=n&sk=&cvid=cda09d6e49f149c99dcdec1c39cd8c82

9
Más seguro parir que abortar

1. Datos que trae Jorge Scala

1. **Argumento que el Herodianismo utiliza**. J.S. lo sintetiza así: Los cultores de la muerte consideran -implícitamente- que el embarazo es una enfermedad. Por eso, toda la farmacopea contraceptiva, se realiza en el ámbito sanitario. El falso silogismo sería el siguiente: el médico debe prevenir o curar enfermedades, el médico ginecólogo previene embarazos, luego el embarazo es una enfermedad... Se realizan campañas muy bien diseñadas, para atemorizar a las mujeres comunes frente a un posible embarazo. Paradójicamente, cuanto más avanza la medicina, parecería que hay más riesgos que antaño, en la espera de un nuevo hijo... En ese esquema propagandístico, la última falacia propalada, es que un aborto legal sería más seguro que un parto. Nada más falso.

2. Réplica del mismo autor

2.1. El estudio más completo al respecto, es el realizado en Finlandia, donde se estudiaron los registros de nacimientos y abortos, de todas las mujeres finesas entre los 15 y 49 años. El seguimiento abarcó el período comprendido entre los años 1.987 y 2.000. El resultado final muestra las siguientes tasas de muertes maternas, cada 100.000 mujeres: Embarazo terminado en parto: **28,2**; Embarazo concluido por aborto espontáneo: 51,9; Mujeres no embarazadas: 57,0; **Embarazo finalizado por aborto provocado: 83,1.** En consecuencia, **las mujeres que se han provocado un aborto tienen 2,95 más veces de probabilidades de morir**, que aquellas que dan a luz a sus hijos. **Cita:** Gissler et al.,

"Pregnancy-associated mortality after birth, spontaneous abortion, or induced abortion in Finland, 1987-2000", American Journal of Obstetrics and Gynecology, 2004:422-427.

2.2. En los EE.UU., una investigación que abarcó los certificados de defunción, correspondientes a los casos de partos y abortos, de unas 173.000 mujeres de bajos recursos en el Estado de California, concluyó que **aquellas que abortaron tenían el doble de posibilidades de morir, respecto de las mujeres que habían dado a luz.** Asimismo, las que abortaron tenían un 154% más de probabilidades de acabar con su propia vida mediante el suicidio". **Cita:** Reardon DC, Ney PG, Scheuren FJ, Cougle JR, Coleman PK, Strahan T, "Deaths associated with pregnancy outcome: a record linkage study of low income woomen". South Medical Journal, Agosto 2002, 95(8):834-841.

2.3. "Con respecto al **suicidio**, otro estudio realizado en Finlandia, concluyó que la tasa de suicidios cada 100.000 mujeres, fue casi seis veces mayor en las mujeres que se provocaron un aborto, con relación a las que dejaron nacer a sus hijos. En efecto: **Embarazo terminado en parto: 5,9**; Tasa general anual para toda mujer: 11,3; Embarazo concluido por aborto espontáneo: **18,1; Embarazo finalizado por aborto provocado: 34,7. Cita:** Gissler, Hemminki y Lonnqvist, "Suicides alter pregnancy in Finland, 1987-94: register linkage study". British Journal of Medicine 313:1431-4, 1996. **La conclusión científica unánime, es que resulta mucho más riesgoso para toda mujer practicarse un aborto, que dar a luz a su hijo".**

3. Reflexiones H.H.. 3.1. Las conclusiones de registros médicos que trae Scala son altamente **verosímiles en atención a la naturaleza** de lo que es un parto natural y de lo que es un nacimiento. El proceso del embarazo está dirigido, en todos sus elementos y manifestaciones y partes temporales y físicas, como a *cierto fin perfectivo natural* que se cumple en la mayoría de las veces: como una manzana que "cae de madura". En cambio, el aborto parece resultar esencialmente violento. Baste cotejar los partos naturales con los distintos métodos de aborto. En éstos, a veces se aplasta el cráneo del bebé y o se le quiebra la columna para que pueda salir; a veces se lo succiona con una máquina; a veces se lo envenena con una inyección; a veces se lo va descuartizando de a poco y después se cuenta por "si falta algo"; a veces se le succiona el cerebro por un agujero en la base del cráneo ("descomposición del cráneo fetal", le llaman)... **V. los métodos de occisión del bebé en la literatura de *Planned Parenthood*,** de donde, entre otros lugares, los toma Mario Strubbia en su valioso libro *Aspectos constitucionales del aborto*, Nova Tesis, Rosario, 2006, en el capítulo 20, "Las prácticas (torturas y tormentos) usadas para abortar", pp. 207 y ss..

En ese sentido, la Academia Nacional de Medicina de Buenos Aires ha sostenido que "si bien la morbimortalidad materna es mayor en estos últimos (los abortos clandestinos), no es exclusivo de ellos, **pues el daño también es inherente al procedimiento mismo por la interrupción intempestiva y artificial del embarazo".** Cfr. Morelli en CENTOLIAR (AAVV) en *Valor de la vida. Cultura de la muerte*, cit., p. 153. La Declaración de la Academia está reproducida más arriba.

3.2. De todos modos, esto es una razón **secundaria** en la argumentación Provida. Porque, **sea lo que fuere de los riesgos,** nunca es lícita la occisión directamente buscada, de un ser humano inocente, sea "deseado" o no deseado (según la "Doctrina Rockefeller", V. Apéndices 2, 3 y 4), esté en el vientre de la madre o recién salido o viejo, sea argentino o neozelandés, católico o judío, etc.. Pero en la hipótesis de que **el abortismo buscara la salud de la madre, y tomando los grandes números para poder legislar (por-**

que la ley por definición es general y no particular y debe guiarse por la razonabilidad y no por el sentimentalismo de café), su argumentación se destruye, pues la consecuencia es clara: "si es por la salud de la madre mejor parir que abortar"

Fuente: Scala, Jorge, Su trabajo "Aborto: desmitificando las cifras", *El Derecho*, 3-VII-2006.

10
Es injustísimo y no soluciona nada

Números falsos que prueban otra cosa

Ya dijimos que el núcleo del argumento Provida considera que no matar directamente a un inocente es principio ético-jurídico sin excepciones, por lo que esa acción no se justifica ni para salvar a miles.

Por qué nos interesan los números en este tema. La argumentación por la Vida no necesita destruir las cifras fementidas por el herodismo, pero sirve para mostrar **1)** que era cierto lo dicho por Nathanson sobre la táctica abortista y **2)** que el tema del aborto no es una "prioridad sanitaria" sino al contrario, y **3)** que las estadísticas hablan de la necesidad de mejorar los servicios de salud. El Herodismo busca impacto con cuatro palabras: muerte, madre, pobre, mujer y encima penas.

Menos que 31 en un año. Según el Ministerio de Salud de la Nación en 2016 hubo 43 muertes maternas (MM) por embarazos terminados en aborto, lo que incluye muertes por aborto provocado y siete categorías más. El Jefe de Gabinete en Diputados detalló que de esas 43 MM, 12 fueron por abortos espontáneos; con lo que quedamos en 31. Pero hay que seguir bajando, pues las 31 no todas se deben a abortos provocados, pues hay "abortos no especificados" e "intentos fallidos de aborto". Y no hay registro de que el remanente se deba a abortos clandestinos o no punibles practicados en Hospitales Públicos, como por ejemplo **el caso de Keila Jones que falleció por un "aborto no punible" [¿aborto legal seguro?]** efectuado en un hospital **público** de El Maitén. En nuestro país la mortalidad materna por aborto en comparación con la general, guarda la misma proporción que en los países desarrollados, constituyendo un 20% de la MM en general. (No hay un especial "problema sanitario" aquí). Pero lo que se destaca es que cada 100.000 nacidos vivos, mueren 52 madres, mientras que en los países desarrollados sólo 10. **Aquí sí que hay un problema sanitario a considerar. Si hay más muertes maternas por X, X y X causas más que por abortos, ¿qué es lo más lógico para empezar? Sin perjuicio de buscar la salud y no la muerte).**

Muertes femeninas. Informa Mónica Del Río que durante 2016 hubo 171.408 muertes femeninas y las primeras causas de muerte **no fueron ni por las tapas los abortos provocados,** sino fueron enfermedades del sistema circulatorio (51.283), Enfermedades del sistema respiratorio (33.776), Tumores (31.517), Enfermedades infecciosas (6.924) y Enfermedades del sistema urinario (6.959).

Muertes maternas. Fueron 245 en 2016. Y las causas **no fueron ni por asomo los abortos provocados.** 135 se debieron a causas obstétricas directas, 67 a causas obstétricas indirectas como vimos. Ahí vienen las 43 MM de "embarazo terminado en aborto", pero ya dijimos que fueron en ese rubro **menos de 31.**

¿500.000 abortos por año? En España, con una cantidad de población comparable a la nuestra, antes de la legalización se estimaban, **inflación abortista pro ley mediante, en** 300.000 pero con aborto legal las estadísticas oficiales muestran tres veces menos, 100.000. Los 500.000 fementidos nos colocarían parejo con los Estados Unidos, donde la población es de 327,5 millones y el aborto es legal. **Inflación abortista pro ley.** La cifra 500.000 es falsa, lo que también resulta de que los nacimientos fueron 750.000, y es impensable que cada siete niños nacidos haya 5 abortos.

El abortismo dice que legalizarlo no implica aumento de cantidad de abortos y que disminuye la tasa de mortalidad materna. En España, desde la legalización del aborto por causales (año 1985) **la cantidad de abortos creció constante y abruptamente**; ya en 1987, a los dos años, se registraron 22.489 abortos según estadísticas oficiales. En 13 años de aborto legal la cifra se triplicó y 30 años después (2016) el incremento fue del 400 %. Pero cuando se implantó el aborto legal (1985), la tasa de mortalidad materna fue una de las más bajas del siglo en dicho país, por lo cual dicha tasa no fue el fundamento de la legalización del aborto.

En nuestro país las MM por abortos terminados en aborto **son menores que las provocadas por causas obstétricas**: hubo 55 muertes en 2015 y 43 en 2016. Es importante consignar que entre 2001 y 2006 **bajaron las MM** un 17%, y **las muertes vinculadas al aborto bajaron el 53%**, más del triple. Además de absolutamente inmoral, además de ser falsas las cifras, además de ser falso que los abortos clandestinos se solucionen matando chicos, además de ser cierto que es mejor el parto que el aborto, **aunque fuera cierto todo lo que dice el abortismo, no hay urgencia sanitaria alguna. Lo urgente sanitario es mejorar el sistema de salud.**

Uruguay. Es cierto que en Uruguay la tasa de mortalidad materna disminuyó 59,50% desde 1990 a 2015, pero también disminuyó un 52 % entre 1990 y 2010 cuando el aborto no era legal, debido a políticas públicas de salud y de educación. Pero **la legalización implicó un aumento del 35% de la mortalidad fetal = abortos= homicidio prenatal,** ya que en 2012 se registraron 6676 abortos y en 2016 la cifra aumenta a 9719. De los 9719 abortos realizados 9619 o sea el 98.97 % se realizó por propia voluntad de la mujer sin indicar causa. El 1, 03 % restante se divide entre violación (1), riesgo para la salud (5), malformaciones fetales (4) y el resto por causas inespecíficas. Quiere decir que **la generalidad de los abortos se hace sin invocar las causas que el herodismo usa como impacto sensiblero: "no hay que penar a 1) madres, 2) mujeres, 3) que mueren por abortar en malas condiciones; los datos y razonamientos y conclusiones son falsos.**

Tres etapas. Dice la prestigiosa Mónica Del Río que se observan tres etapas en distintos países abortistas: 1) al año siguiente de la legalización, la cantidad de abortos **parece que decrece** porque el estimado fue mentiroso y estuvo previamente sobredimensionado para conseguir la ley; 2) la cifra comienza a crecer linealmente, 3) decrece por la irrupción masiva de anticonceptivos de efecto abortivo. Obviamente que lo único cierto y seguro es que aumentan los homicidios prenatales.

La ley tiene valor pedagógico y es un modelo de conducta. El hombre de la calle interpreta que la ley permite lo bueno y prohíbe lo malo, por lo que toda práctica que se legaliza tiende a crecer y la que se penaliza a disminuir. En este sentido, es necesario destacar que en España, desde el 2010 el aborto se erigió como derecho, rigiendo la ley de plazos, y por ejemplo en 2016, el 89,67 % de los abortos fue sin invocar causa y sólo el 6,38% invocando la causal salud. Hay registro de que a partir de la detección intrauterina temprana de malformaciones fetales, aproximadamente el 90 % de los casos de discapacidades o malformaciones termina en aborto. *Como los chicos con enfermedad Down a los que se dedicó Lejeune.*

Conclusiones: La legalización no disminuye sino que aumenta la tasa de abortos, y tampoco tiene incidencia sobre la mortalidad materna. De los datos estadísticos podemos concluir que lo que se necesita con urgencia es que se mejoren los servicios de salud.

Fuentes: Exposición de Mónica Del Río en Diputados, 10 de abril de 2018.
http://radiopopularsanluis.com.ar/wp-content/uploads/2018/04/PonenciaSobreEstadistiasMonicaDelRio.pdf
www.lanacion.com.ar/2117103-antes-de-empezar-el-debate-el-gobierno-dio-cifras-sobre-el-aborto
www.msp.gub.uy/programa/informe-ive-2016
www.msp.gub.uy/programa/informe-ive-2016

Colaboración Daniela Picart (FASTA-Tandil).

11
Preocupación por la salud de la madre

"Salvemos las dos vidas"

La recta moral que impide la muerte directa de un ser humano inocente, por ejemplo mediante el llamado "aborto terapéutico", contempla ciertos casos en que, realizando una acción buena o indiferente que puede tener dos efectos, uno malo y uno bueno, si hay razón proporcionada para actuar, en el caso por ejemplo gravedad de la situación de la madre e inminencia de muerte, y no habiendo otra posibilidad para lograr el efecto bueno, es permitido que se aplique una medicación o un tratamiento a la mujer que tiene una enfermedad, buscando el efecto bueno, como último recurso, aunque de esto se pueda seguir el efecto malo, por ejemplo el aborto. Es decir que, en ciertas situaciones graves, con esos requisitos puestos, es posible obrar como se obraría en el caso en que la mujer no estuviera embarazada. Y nunca tomando el efecto malo como medio para obtener el otro, cuál sería el caso del aborto llamado "terapéutico".

Es el principio del doble efecto. Un prolijo tratamiento del tema hay en Tale, que pone este ejemplo de Suárez: Si la mujer embarazada sólo puede salvar su vida si toma un fármaco determinado, es lícito que lo tome aunque se conozca que de ello resultará la muerte del feto" (cumplidos todos los requisitos).

Fuente: TALE, *El principio ético-jurídico que probíbe matar, supra* cit., p.82. Cfr. BASSO, Domingo, *Nacer y morir con dignidad,* Consorcio de Médicos católicos, Buenos Aires, 1998, p. 386.

12
Artimañas de jueces y abogados para matar

Los fraudes abortistas en *Roe V. Wade*

El abortismo logró el fallo de la Suprema Corte que lo autorizó en los Estados Unidos declarándolo un derecho de la mujer y la inconstitucionalidad de penas en serio para el mismo, mediante una serie de falsedades y con serias anomalías.

El juicio se llamó *"Roe v. Wade"*; pero **el nombre "Roe" era ficticio**, porque en realidad se trataba de Norma Mc Corvey. Henry Wade es el nombre del Fiscal de Distrito del Estado de Texas, el Estado demandado.

Dos militantes abogadas abortistas de la Universidad de Texas, Linda Coffee y Sara Weddington, buscaron en 1970 a la joven Norma, que cursaba su tercer embarazo, los tres de distintos padres y que vivía muy pobremente, para impugnar la ley texana que consideraba delito al aborto.

Las abogadas **mintieron** que Norma había sido violada por pandilleros, de lo cual habríase embarazado. Nunca le explicaron a ella en qué consistía un aborto, ni qué posibilidades había de solucionar su situación. Jamás fue escuchada por ninguno de los tribunales que vieron la causa, nadie se interesó por sus circunstancias personales que eran tremendamente angustiantes (No tenía familia, ni trabajo, al parecer dormía en un parque).

En la demanda se pidió el acceso al aborto de la demandante pero con extensión a todos los casos semejantes. El juez de Distrito hizo lugar a los primero, pero rechazó la extensión a otros casos.

Norma sólo se vio dos veces con las abogadas, una de ellas en un bar, participó luego del Movimiento *"pro choice"* (es decir que la madre puede elegir matarlo) y luego entró a trabajar en una clínica abortista.

No participó en el juicio (supongo que habrá firmado la presentación inicial), pero sus abogadas, prescindiendo de ella, **la siguieron por su cuenta**, apelaron de la decisión y finalmente, consiguieron la famosa sentencia en la Corte Suprema, el 22 de enero de 1973.

Por 7 votos contra 2, los jueces juzgaron que el Estatuto de Texas que sancionaba penalmente el aborto era inconstitucional al violar el derecho a la privacidad de la mujer que estaría comprendido en la 14ª enmienda de la Constitución (cláusula del debido proceso) , derecho que le permitiría abortar libremente. Respecto de la calidad del niño no nacido, la Corte señala que **no es una persona desde el punto de vista constitucional, de modo que no tiene derechos fundamentales** que puedan hacerse valer contra la voluntad de la madre (*Roe v. Wade*, 410 U.S. 113, 1973).

La sentencia reconoce algún derecho a los Estados protegiendo la salud de la madre y la vida potencial del concebido, pero para que estos intereses puedan limitar o incluso impedir el derecho al aborto de la mujer deben tener un peso tal que pueda calificárseles de "*compelling interests*". Y divide el embarazo en tres complejas etapas. Pero en definitiva esta decisión de la Corte fue interpretada como la despenalización del aborto para los 50 estados de la Unión.

Era mentira la violación de Norma, **nunca abortó**, parió felizmente a luz a su hija, que **cuando salió la sentencia ésta tenía dos años y medio**, dándola en adopción. **De modo que la sentencia se produce cuando no había una cuestión judicial concreta,** lo que llamamos aquí una cuestión "abstracta" que hace que los jueces no tengan competencia para decidir, pero los abortistas norteamericanos la utilizaron no para resolver un caso sino para "legitimar" el homicidio prenatal.

Además, es un disparate jurídico que se entienda por "debido proceso" (sintetizando: que no me condenen sin imputaciones que yo conozca, sin defensa, sin prueba, sin juez imparcial, etcétera), **el derecho natural de matar a un inocente.**

En 1995 Norma salió a fumar fuera de la clínica en la que trabajaba y entró en diálogo con activistas provida que protestaban en la entrada. Quedó admirada.

Se convirtió al cristianismo y denunció que su caso había sido "fabricado" por las abogadas que la utilizaron sin trepidar incurrir en falsedades y actos reñidos con la ética profesional. Solía decir, apesadumbrada: *"I am responsible for the death of 50 million unborn babies"* /**"Soy responsable por la muerte de 50 millones de niños no nacidos"**.

En una presentación que hizo el año 2000 ante la Corte de Distrito de New Yersey decía: **"De algún modo mi exclusión, y la exclusión de los hechos realmente significativos en *Roe v. Wade*, es un símbolo de la forma en que las mujeres de la nación y sus experiencias con el aborto han sido ignoradas en el debate nacional sobre la industria del aborto"**.

Falleció a los 69 años, en febrero de 2017.

13
Los proyectos en debate en el Congreso Nacional (mayo 2018)

Toda vida es sagrada

El Proyecto pro-vida

"Proyecto de ley de régimen de protección integral de los derechos humanos de la mujer embarazada y de los niños por nacer". Fue presentado en marzo de este año, por cuarta vez, y está ligado a la Red Federal de Familias, con representación de casi todas las provincias, buscando tanto la protección integral tanto de la mujer embarazada como evitar la muerte de los chicos en su vientre.

Tiene claro sustento jurídico positivo, pues consagra una solución coherente tanto con el principio de justicia que impide sacrificar a un inocente como con las normas que integran nuestro ordenamiento.

Sostiene que, en atención a la fundamentalidad del derecho a la vida, es una obligación primordial del Estado garantizar que ninguna persona por nacer sea privada de él. **No puede realizarse una selección con respecto a cuáles niños pueden vivir y cuáles no, por ninguna circunstancia, sean cuales fueren sus características físicas, biológicas o de cualquier otra índole**. Tampoco a causa de las circunstancias de su concepción o cualidades de sus progenitores. Es destacable que considere, como lo hace, **como particularmente agraviante, lesivo y discriminatorio que se califique a los niños por nacer como "deseados" o "no deseados"**. En consecuencia, queda prohibida toda manipulación genética, clonación, o cualquier procedimiento o técnica que pudieran afectar o detener su desarrollo.

Para atender a las necesidades de la mujer embarazada en los casos en que el embarazo proviniera de un delito contra la integridad sexual (cosa que estadísticamente rara vez sucede pero se airea para justificar la occisión), dispone que **ella sea acreedora, desde el momento de la concepción, de una asignación especial**. Se manda la asistencia médica, tratamiento y el cuidado especial que requieran situaciones de riesgo (embarazos complicados y partos prematuros o anticipados).

También se intenta resguardar a la mujer embarazada de **toda violencia que tenga por objeto inducirla o convencerla a someterse a la práctica de un aborto**.

Prevé la puesta en funcionamiento de centros de Asistencia a la Mujer Embarazada en cada hospital público, con atención completa las 24 horas, con debida información y seguimiento de las madres.

Contundentes razones para que los legisladores no hagan "la vista gorda", y se dispongan a elegir la única solución válida, porque dar permiso para matar un ser humano inocente es antijurídico, cosa que seguramente los legisladores no avalarán.

"Cultura de la muerte"

Los Proyectos herodianos

Como todos los proyectos de esta línea coinciden en sus fundamentos y en gran parte en sus contenidos, primero aludiremos a aquéllos, los fundamentos, luego determinaremos su "Esquema básico", y luego consignaremos la nómina.

1) Sus fundamentos

El aborto es llamado "Interrupción voluntaria del embarazo (IVE)", y es considerado una cuestión de derechos humanos y de justicia social, alegándose derechos como el derecho a la salud, a la libertad, a la intimidad, a la "maternidad libre", y "derecho a decidir sobre el propio cuerpo". La legalización del aborto constituiría una "deuda de la democracia".

Cabe acotar que la I.V.E. es un eufemismo para ocultar la palabra "aborto", e incluso esta misma está cada vez más designificada olvidando que es masacrar un pibe en la panza materna. **No se respeta lo que el Derecho Argentino establece, que hay un tercero, la persona por nacer, y los derechos de que goza. Es anticonstitucional.**

Sólo contempla a la mujer y cierta situación que habría de "inequidad social": las mujeres de bajos recursos económicos pondrían en riesgo su vida al recurrir al aborto clandestino. Ello sería razón suficiente para que el Estado tenga la obligación de garantizar el acceso a la occisión del niño.

Son alarmantes las referencias falsas a la salud mental y social, porque "pueden incluir el dolor psicológico y el sufrimiento mental asociado con la pérdida de la integridad personal y la autoestima". Asimismo, "las causas sociales de un embarazo no deseado también pueden ser múltiples", por ejemplo el abandono de la pareja, el desarrollo personal o plan de vida, etc. Piedra libre para matar.

También es tristísima la intención de legalizar el aborto eugenésico, esto es, cuando haya enfermedades fetales, ya que introduce una aberrante discriminación, por ejemplo, contra los chicos con síndrome de Down. Los *"nasciturus"* se consideran, pues, descartables.

Algunos hacen crítica a la ley penal que reprime el aborto porque éstos siguen existiendo y esto lleva a una mayor vulnerabilidad de las mujeres pobres. Ya vimos lo que decía Bobbio sobre el disparate jurídico que ello implica y los ejemplos que ponía. Parecen confiar en que los abortos "oficiales" restringirán los clandestinos, cosa probada falsa en la experiencia de los países que ya lo "legalizaron".

Algunos proyectos dicen que el aborto es la principal causa de muerte materna en nuestro país, pero ya en esto Mónica del Río y el Movimiento Provida los hicieron retroceder, está reconocido que no es así, y aunque lo fuere, nunca se justifica matar a un inocente **(V. Apéndices 1, 7 y 9).**

2) Esquema básico de los proyectos

a) La matanza del niño en la panza de la madre se considera **un derecho humano de la madre.** El delito se convierte en derecho.

Vale decir que **no se trata ante todo y focalmente de despenalizar el aborto, sino de promoverlo como valor jurídico protegido por el Estado argentino.** La legalización del delito. De modo que **no hay que centrar el tema en la despenalización, contra la que nos oponemos a rajatabla, sino en hacer del delito un bien jurídico protegido y promovido y financiado por todos nosotros.** De todos modos, es inadmisible que se libere por ley al culpable que lo merece en Justicia, pues hay que respetar el principio de igualdad (art. 16 Constitución Nacional y se agrega lo que sigue v. artículos 34,1°, 40 y 41 Código Penal).

b) Hay que tener en cuenta, para lo que sigue, que **hay cierta dinámica propia en las legislaciones y en las prácticas tribunalicias, ya aludida en el Prólogo.** Se ponen en las leyes **requisitos que se sabe que nunca se cumplirán.** O que serán interpretados -salvo jueces heroicos, que casi no hay- siempre según "el espíritu de la ley". Algo se dijo también más arriba al tratar *Roe v. Wade.* Los aparentes requisitos serán inaplicables, entre otras cosas porque no habrá juez, y en segundo lugar porque aquellos requisitos son piedra libre al Herodismo. Ya hemos dicho que si el legislador le pone diez condiciones para que se considere que se comete el delito de robo y Ud. va a denunciar un robo a la Policía, tiene que hacer un antejuicio larguísimo para encuadrar el caso en la figura del robo y luego recién empezar.

Pero entonces los ladrones ya son inalcanzables. Y la gente se cansa y se va y busca armarse para defenderse.

c) Por lo tanto, si se autoriza a matar al chiquito con algunas causales, **nadie va a verificar su cumplimiento ni lo puede verificar ni tendrá instancia para hacerlo.** Si con el plenario *Natividad Frías*, que impedía hacer proceso a la madre **pero no a los cómplices y autores,** prácticamente se derogó el delito de aborto en la Ciudad de Buenos Aires también para los fríos comerciantes del aborto, ¿qué no será con estas leyes? Será un holocausto generalizado que quedará al margen de los tribunales.

d) En cuanto a la objeción de conciencia, si se la pone o no se la pone es en rigor lo mismo, porque **el derecho de no acatar las leyes tiránicas es de ley jurídica natural**, y si se focaliza en esto el debate **se fomenta la idea de que el legislador puede todo, y el espíritu de derrota en el Movimiento Pro Vida.** Los proyectos tienden a coartar la libertad de conciencia, sobre todo institucional. En la medida en que se sientan con fuerzas tenderán a que se cierren los hospitales confesionales y así siguiendo con las escuelas y seleccionarán con el INADI qué puede enseñar el Cristianismo en la iglesia y colegios, y en ese absolutismo quedará fulminada toda chispa de derechos humanos en serio. Y de toda cultura provida. En el Prólogo de este libro se dice que en los proyectos en que se atribuye a la madre la facultad de matar a discreción se tiene la concepción hobbesiana del derecho en "estado de naturaleza". Pues bien, cuando el Abortismo logra dictar la ley, pasa a tener la concepción hobbesiana del gobernante absoluto, que obra sin respetar ninguna ley natural, mientras haya alguna seguridad. Lo vamos viendo con estos y otros intentos de perseguir la religión y la moral del sentido común.

3) Los proyectos

1) Expte. 2492-D-2017 (4 diputados, encabezados por Ferreyra). Propone legalizar el aborto como derecho sin ningún límite o plazo, a sola petición. Propicia la distribución y producción estatal del misoprostol. Prohíbe la objeción de conciencia tanto individual como institucional. **2)** Expte. 230-D-2018 (71 diputados, encabeza Donda). Hace de la occisión un derecho de uso discrecional hasta la semana 14, y pone algunas causales "pseudolimitativas", como ya dijimos. Incluye el aborto en el PMO. **3)** Expte. 0443-D-2018 (9 diputados, encabezados por Wisky). Despenaliza el aborto en una serie de casos con tanta laxitud que en definitiva hace de la madre un Herodes. Sigue el "Esquema básico". **4)** Expte. 0444-D-2018 (9 diputados, encabezados por Wisky). Se destaca que penaliza las maniobras dilatorias por parte de los profesionales de la salud. Sigue el "Esquema básico". **5)** Expte. 0569-D-2018 (Wechsler). Sigue el "Esquema básico". **6)** Expte. 0897-D-2018 (14 diputados, encabezados por Filmus). Sigue el "Esquema básico" y avanza tiránicamente al prohibir la objeción de conciencia institucional. Propone que la industria del aborto se afronte en forma estatal fabricando elementos mortíferos. En lo demás, sigue el "Esquema básico". **7)** Expte. 1082-D-2018 (16 diputados, encabezados por Mendoza). Sigue el "Esquema básico". **8)** Expte. 1115-D-2018 (Villavicencio y Lousteau). Sigue el "Esquema básico".

Colaboración Daniela Picart, (FASTA-Tandil).

14
Tres poderes contra la vida

La Corte Suprema

El actual debate para consagrar el aborto pone en evidencia la descomposición alcanzada de los tres Poderes del Estado argentino, avocados a promover la matanza indiscriminada de su población futura.

Inició el triste proceso la Corte Suprema que dictaminó en 2012 que no resulta punible la occisión del chico si el embarazo provino de violación, sin más trámite. No interpretó el Art. 86 del Código Penal, sino que se arrogó facultades legislativas creando una nueva causa. Y promueve un protocolo redactado a extender el aborto, con lo que éste termina siendo un *aborto a petición*.

El Ejecutivo

Macri lo disfraza de debate postergado: "Hace 35 años que venimos postergando un debate muy sensible que como sociedad nos debemos: el aborto. Estoy a favor de la vida, pero también estoy a favor de los debates maduros, que como argentinos tenemos que darnos" (Discurso en el Congreso (1/3/2018). Ya como Jefe del Gobierno de la CABA, durante una cena de Consenso Republicano en su discurso anunciaba en 2012 con orgullo: "Les quiero contar que el próximo martes se hace el primer aborto legal en la ciudad de Buenos Aires". Otros miembros del Ejecutivo mostraron las cartas. El Ministro de Salud de la Nación Adolfo Rubinstein mintió que "en los países que legalizaron el aborto, la mortalidad materna bajó drásticamente" (Clarín, 23/2/2018). Lo siguió Lino Barañao, Ministro de

Ciencia negando la Ciencia, sosteniendo que el embrión humano no es equiparable a vida humana y menos a persona humana (La Nación, 28/2/2018).

El Congreso

El Congreso de la Nación, que nada hizo frente a la usurpación legislativa de la Corte, se puso en la glamorosa tarea de debatir el mal llamado "derecho al aborto". No tuvo ambages en aceptar que el Poder Ejecutivo le marque la agenda y establezca prioridades que poco tienen que ver con la realidad nacional. No se ruborizó con la violación flagrante de la Constitución Nacional que estaba cometiendo al permitirse legislar sobre un tema que le está vedado: el derecho a la vida desde la concepción. Es algo así como si el Congreso debate una ley para incorporar la monarquía hereditaria como forma de gobierno. Su proceder es nulo de nulidad absoluta por más invitados y referentes que concurran a exponer sus ideas.

Los tres poderes del Estado se ponen en contra de sus gobernados por acción u omisión, al pretender legalizar el asesinato de argentinos violando el derecho natural a la vida desde el momento de la concepción y el Derecho Argentino. No podemos permitir que quienes deben protegernos atenten contra la vida, minando las bases de la República por seguir los dictados de poderes mundialistas.

Colaboración Lic. Juan Pablo Berarducci
San Miguel de Tucumán

15
Cosa de no creer: El Garantoabolicionismo

El Garantismo Abolicionista es **una cierta actitud** de rechazo del orden social. A la vez, es una **mentalidad** o cierto modo de pensar. Pero además constituye un verdadero **Movimiento**, es decir un conjunto de personas que actúan en pos de un objetivo común.

Fines. Se propone **un fin** que no termina de creer realizable pero lo intenta, con más o menor radicalización según los vientos políticos: **suprimir el sistema penal**. Alega que es inútil, asesino, contra los derechos humanos e inconstitucional. Alcanzó notoriedad al llegar Zaffaroni a la Corte Suprema. Al ir conociendo la actuación de éste y su conducta y al proliferar en el país los delitos, se desprestigió notablemente. Aquél no salió de la escena jurídica argentina pues ahora está en la Corte Interamericana de Derechos Humanos, que pretende poder jurídico sobre la Argentina.

Estrategia. La estrategia que utiliza es permanecer **infiltrado** dentro de la burocracia penal y desde allí hacer implosionar al sistema. Seguir siendo jueces para en las sentencias avanzar a la destrucción. Seguir ocupando las cátedras de Derecho Penal. Copar los cargos, los concursos, los libros. Se consideran "juristas en lucha" (sic).

Medios. Un medio que utiliza, para no mostrar el juego y permanecer en el sistema, es **definir el Derecho Penal**, no como el que regula la aplicación de las penas, sino el que busca suprimirlas, con lo que siguen enseñando la materia y copando la academia para destruir el Estado. Otro **cambiar el lenguaje**, por ejemplo reemplazando la palabra "delito" por "conflicto" y usar en definitiva otro dialecto que inunda el ambiente jurídico. Usar las palabras "**criminalizar** a una persona" en vez de decir que se le aplica la ley con justicia porque delinquió. Y después una infinidad de trampas para destruir, siempre interpretando las leyes y los hechos en favor de los delincuentes y en contra de las víctimas. Y los juristas y la gente adoptan el nuevo lenguaje y se les cambia y nos cambian las valoraciones y las interpretación de las leyes.

Fuente: V. mi Bibliografía sobre el asunto al final de este libro. Lo último y más sintético es *Inseguridad y Garantismo abolicionista.* La tesis de ese libro es que este Movimiento es la principal causa de la inseguridad en la Argentina.

16
Aplicación de las penas (Las cárceles)

Forma parte de la prédica del Garantismo abolicionista denigrar el sistema penal **exagerando el mal funcionamiento del sistema carcelario**. En ese sentido, no debe olvidarse que a para el citado Movimiento el problema no es que funcione mal la Unidad Penal 3, sino que la Unidad Penal 3 **exista.** Desde la ilegitimidad de las penas prefieren que funcionen mal para atacarlo pidiendo su abolición. Esto explica las luchas del CELS denunciando irregularidades, aunque muchas veces sean ciertas.

Del capítulo 47 de mi libro *El Garantismo abolicionista* quiero resumir aquí dos cosas: **1.** El sistema carcelario es menos malo de lo que por obra del Movimiento Garanto-abolicionista se dice. **2.** Están detectados los medios para evitar la reincidencia de los internos en el delito: religión, instrucción, trabajo.

Sin pretender que lo que digo a continuación sea generalizable, no es sin embargo excepcional, y aparecen habitualmente noticias semejantes. Se presentó en la Unidad Penal 25 de Olmos un libro de poesías que escribió un interno en coautoría. Dicho autor, hablando en el acto señaló: "Suena raro pero yo puedo decir que la cárcel me salvó la vida. Mis padres tuvieron que vender su propiedad y mudarse, hartas de la cantidad de allanamientos y de ver la foto de la casa en los diarios. Sólo le llevé problemas. Pero al quedar detenido pude completar la primaria, la secundaria, empezar a estudiar derecho y estoy haciendo un curso de teología a distancia".

Fuente: www.spb.gba.gov.ar/site/index.pl

17
"Exigimos la despenalizacion del robo a mano armada"

El aborto es un crimen.
El robo a mano armada sin matar es un crimen menor que el aborto.

"Queremos que el derecho a robar sea reconocido como derecho básico de todas las personas. Para eso, es necesario garantizar el acceso universal a todos los bienes ajenos. Nuestro lema es integral: "Educación para decidir, trabajo digno para no robar, robo legal para no morir". Esto implica realizar modificaciones en los sistemas de Educación, Justicia, y también por supuesto, profundos cambios culturales. Proponemos despenalizar y legalizar el robo a mano armada para que los hombres que decidan robar tengan atención segura y gratuita en todos los bancos y cuevas financieras. Trabajar por el derecho al robo a mano armada en razón de justicia social, es reconocer que en el contexto latinoamericano, sumido en la pobreza y la desigualdad social, son los hombres pobres quienes sufren o mueren por robos a mano armada realizados en clandestinidad, excluidos también de otros bienes culturales y materiales. La ilegalidad del robo a mano armada da lugar a prácticas diferenciadas según la condición socioeconómica del hombre y a la falta de información. Los ricos roban desde sus empresas o desde sus cargos políticos, sin correr el riesgo de enfrentarse a las balas de la policía o de algún justiciero. No queremos ni un solo muerto más por robos clandestinos. Proponemos una ley que autorice, y no que obligue. EDUCACIÓN para decidir; TRABAJO DIGNO para no robar; ROBO LEGAL para no morir".
#AsiDeRidiculoNosSuenaAnosotrosElPlanteoDelAbortoLegal

Fuente: Anónimo Provida. La analogía es indesmentible.

18
Tampoco a los chicos con Síndrome de Down (Lejeune)

Jérôme Lejeune, (1926-1998), padre de la genética moderna, a los 32 años descubrió el Trisonoma 21, que es la **causa del Síndrome de Down**. Su amor a esos enfermos fue lo que le llevó al descubrimiento y no a la inversa. Llevó la causa Pro vida a las Naciones Unidas. Por el descubrimiento le dieron el premio Kennedy en 1962. Fue designado entonces experto en genética humana en la Organización Mundial de la Salud (OMS). Sus estudios lo convencieron de que la vida comienza en la concepción y que matar un niño en la panza de la madre es un homicidio y en 1964 fue nombrado Director del Centro Nacional de Investigaciones Científicas. El mismo año se creó para él, en la Facultad de Medicina de la Sorbona, la primera cátedra de Genética fundamental. Sobre la Organización Mundial de la Salud dijo: "he aquí una institución para la salud que se ha transformado en una institución para la muerte". Esa misma tarde escribió a su mujer e hija diciendo: "hoy me he jugado del Premio Nobel". El Herodianismo no quería un científico que se opusiera a la agenda abortista.

Fue invitado por el Senado de Francia para opinar sobre el aborto, cuando era fuerte la opinión de que los embarazos deben ser cortados cuando los antecedentes o el pronóstico parecen ser irreversiblemente malos. Cuando se le dio la palabra Lejeune defendió la vida y planteó un caso, que ha quedado clásico: "Tenemos un matrimonio en el que el marido es sifilítico terciario incurable, y además decididamente alcohólico. La mujer está desnutrida y sufre de tuberculosis avanzada. El primer hijo de la pareja muere al nacer; el segundo sobrevive, pero con serios defectos congénitos. Lo mismo que el tercero, infradotado mentalmente. La mujer queda embarazada por cuarta vez. ¿qué aconsejan ustedes hacer en un caso así? Un senador socialista se la dio servida: la única solución para evitar males mayores era el "aborto terapéutico" inmediato. Lejeune hizo silencio largamente, y después bajando unos segundos la cabeza, volvió a alzarla y dijo: "señores senadores, pónganse de pie, porque este caballero acaba de matar a Ludwig van Beethoven".

Fue Presidente de la Pontificia Academia por la Vida; gran amigo de Juan Pablo II; y progresa su causa de canonización.

"El sueño del pibe" para el P. Rafael Hernández, defensor de los inocentes no nacidos, fue conocer a Jérôme Lejeune.

Fuentes: Varias, en especial http://webcatolicodejavier.org/JeromeLejeune.html. Es muy recomendable el libro sobre él escrito por su hija Clara Lejeune-Gaymard "Life is a blasseing: biografía de Jérôme Lejeune"; hay trad. Española.

19
“Acá no se rinde nadie”

“Las almitas inocentes serán acogidas en la misericordia de Dios, pero ¿quién liberará a una sociedad asesina de pobres e indefensos. ¿quién la liberará del clamor de una venganza inseparable de la sangre derramada? No será, seguro, el Fondo Monetario Internacional. En la carne y en la sangre de una niña violada, embarazada sin quererlo, y en la carne y en la sangre de su hijito sacrificado, están unidos la carne y la sangre de Cristo. Caín, Herodes, Pilatos, todos los verdugos, pueden atarse al cuello un pañuelo verde. El precio del crimen abominable le será cobrado al mundo el día del juicio y a la sociedad argentina mucho antes. El paso que algunos están empecinados en dar ya se está pagando, anticipadamente, en las actuales e irremediables desdichas”.

Monseñor Héctor Aguer

Arzobispo de La Plata. Homilía del Corpus Christi, 2018.

20
El aborto por inyección salina

Dado que con Marta y Susana iban a aplicar el método de inyección salina matando a Francisco y Juana, veamos en qué consiste.

I

"El primero de los métodos usados ampliamente fue el de envenenamiento salino (amniocentesis salina). Se lo efectúa después de la 16ª semana. Para ello se inserta una aguja larga a través de la pared abdominal de la madre hasta la cavidad amniótica del bebé, donde se inyecta una determinada cantidad de solución salina concentrada. El bebé respira y deglute esta solución, se envenena, forcejea, y a veces experimenta convulsiones. Se requiere casi una hora para matar la criatura. Cuando el procedimiento tiene éxito, la madre entra en trabajo de parto alrededor de un día después y da a luz un bebé muerto. ¿Es realmente un envenenamiento? Sí. El mecanismo de la muerte es una hipernatremia aguda o intoxicación salina aguda, con vasodilatación generalizada, edema, congestión, hemorragia, shock y muerte. ¿Por qué algunas personas llaman bebés al caramelo a los muertos por envenenamiento salino? "La sal concentrada tiene un efecto corrosivo, y a menudo quema y arranca la capa externa de la piel del bebé, lo cual deja en descubierto la superficie roja y luciente del tejido subcutáneo. La cabeza del bebé a veces se asemeja a una manzana al caramelo. Algunos incluso han asimilado los efectos de este método a los del napalm sobre inocentes víctimas de guerra. Probablemente, el dolor ocasionado sea tan lacerante como el de estos últimos casos".

Willke, Jack y Willke, Bárbara, Aborto. Preguntas y respuestas, trad. de la 21ª. edición inglesa, s/ traductor, Bonum, Buenos Aires, 1992, p. 91.

II

En la Convención Constituyente de Santa Fe de la Vera Cruz, 1994, la convencional por Tierra del Fuego Doctora Méndez (PJ), médica, se refirió así a este método:

> "[...]Al hablar de los derechos humanos deseo hacer algunas reflexiones como mujer y como médica, especialmente sobre aquel primer derecho humano, que es el derecho a la vida. Es decir, deseo exponer desde el sentimiento [...]. He escuchado reiteradamente hablar de la pobreza como causa importante que define la no viabilidad de estas vidas o la necesidad de su no viabilidad. [...] **Les aseguro que los pobres no piden aborto, sencillamente porque tienen dignidad y conocen el respeto por la vida humana. [...]** Si en nombre de la pobreza hoy se considera que esos niños son un estorbo para esta sociedad, **con la misma variable de ajuste se hablará mañana en similar sentido de la imposibilidad de contener a las personas con discapacidades, a los infectocontagiosos y a los enfermos crónicos, con lo cual caeremos indefectiblemente en el nazismo.** [...] He escuchado también, señor presidente, decir a algunas personas que quieren decidir en libertad, y les digo que **un verdadero y propio derecho al hijo sería contrario a su dignidad y a su naturaleza, porque el hijo no es algo debido y no puede ser considerado como objeto de propiedad.** El hijo es más bien un don [...] Por lo tanto,

creemos mecanismos de solución a los problemas de fondo [...] desempleo, la desnutrición y la deshidratación —primera causa de muerte de los niños menores de cinco años— [...] hagamos una justicia social con distribución y equidad, pero no cometamos más actos de violencia. **El Estado que acepta el aborto no está enseñando a amar a su pueblo sino a aplicar la violencia para conseguir lo que se quiere**...

Quisiera preguntar, con todo respeto, **si todos saben en qué consiste un aborto**. Decía una profesional que trabajaba en un hospital donde se realizaban abortos:

"Vi una pequeña cuna afuera de la enfermería. En su interior había un bebé —un bebé que lloraba, perfectamente formado—, pero había algo diferente en este bebé. Su piel estaba escaldada, quemada. Era el resultado de un aborto salino. Parecía como si esta pequeña niña hubiera sido sumergida en agua hirviendo. No había ni un médico, ni una enfermera. Ni un familiar visible para confortar a esta pequeña criatura quemada, doliente. La habían dejado sola para que muriera en su dolor. No había lugar para ella dentro de la *nursery*, y ni siquiera se molestaban en taparla. Esa noche me sentí avergonzada de mi profesión. Es difícil creer que esto pueda suceder en nuestro moderno hospital, pero así ocurre. Esto ocurre en todo momento. **Siempre pensé que un hospital era un lugar para curar a los enfermos, no para matar"**.

Le pregunté a otra enfermera de otro hospital **qué hacían con los bebés abortados por envenenamiento salino**.

A diferencia del hospital donde trabajo, en el cual se deja solo al bebé, luchando por respirar, en el otro se lo colocaba dentro de un balde y de inmediato se tapaba. ¡Sofocación! ¡Muerte por sofocación!
Otra enfermera me dijo que había tenido que dejar de ayudar en abortos. Evidentemente, este último caso se refería a abortos completos, que significaban la eliminación de trozos del cuerpo, de brazos, de manos y de distintos órganos.
Para finalizar, quiero decir que lucho por la vida como mujer, porque biológicamente fui preparada para engendrarla; lucho como médica, porque me formé para cuidarla y protegerla; lucho como cristiana, porque creo que sólo Dios puede disponer de ella; lucho como peronista, porque la doctrina de mi peronismo es profundamente humanista y cristiana ya que se sustancia en la doctrina social de la Iglesia, y dicho peronismo constituye un sentimiento de amor [...]. En síntesis, como dice el poeta: "Lucho para que nada sea muerte; me interesa la vida," *(Aplausos. Varios señores convencionales rodean y felicitan a la oradora.).*"

Convención Nacional Constituyente, 23ª Reunión - 3ª Sesión Ordinaria (Continuación), 3 de agosto de 1994, p. 14 y ss.

Bibliografía del autor sobre derecho subjetivo, valores, bioética y derecho penal

1. Libros

1.1. **Libros de autoría exclusiva**

1.1.1. De la bibliografía sobre **derecho subjetivo/derechos humanos, sobre los valores** y sobre el tema del **divorcio** sólo se citarán tres libros y ningún artículo:

1.1.1.1. *Familia .Sociedad. Divorcio*, Gladius, Bs.As., 1986, prólogo de Mons. Jorge López, 142 pp.;

1.1.1.2. *Valor y Derecho. Introducción axiológica a la filosofía jurídica*, Abeledo-Perrot, Buenos Aires, 1998, 247 pp.;

1.1.1.3. *Derecho subjetivo. Derechos humanos – Doctrina solidarista*, Abeledo-Perrot, Buenos Aires, 2000, 398 pp.;

1.1.2. **Temas penales**

1.1.2.1. *El garantismo abolicionista. Estudio sobre la 'Criminología crítica'*, Marcial Pons, (Madrid,Buenos Aires), 2013, 668 pp.

1.1.2.2. *Inseguridad y Garantismo abolicionista* , Cathedra Jurídica, Bs.As., 2017, 364 pp.;

1.2. **Volúmenes colectivos**

1.2.1. *Fines de la pena. Abolicionismo. Impunidad*, Cathedra Jurídica, Buenos Aires, 2010 (Coautor y director), 890 pp.

1.2.2. *Valor de la vida. Cultura de la muerte* , primera edición, Centro Tomista del Litoral Argentino y Universidad Católica de Santa Fe, Santa Fe de la Vera Cruz, 1995, (coautores Díaz, Hernández, Morelli, Albornoz, Scala, Baró), 207 pp.. 2da. Edición ampliada, 1998, 304 pp.

1.2.3. *El Derecho Natural en la realidad social y jurídica*, Sergio R. Castaño y Eduardo Soto Kloss, editores, Academia de

Derecho, Universidad de Santo Tomás, Santiago, Chile, 1010 pp. Participación con cinco trabajos, entre ellos: *"Sentido común y fines de la pena en Ferrajoli"; y "Dos magisterios penales opuestos"(Pío XII y Ferrajoli), y trabajos sobre derecho subjetivo y derecho natural

1.2.4. *En defensa del derecho penal*, (director Siro de Martini), Educa, Buenos Aires, (2008). Con los siguientes aportes: "Un pensamiento penal influyente: Zaffaroni según Zaffaroni", pp. 31-55; "Reportaje a Justo Laje Anaya", pp. 125/136; "¿Te acordás cuando nos protegía? (Reflexiones de un operador jurídico. La tenencia de drogas en el proyecto de reformas al Código Penal)", pp. 281/282. [Origen de la segunda parte de este libro]

2. Artículos y monografías

[DFD significa *diario de Filosofía del Derecho* de la revista *El Derecho.*
La sección "Heredianas", de dicho diario, estaba en general destinada a criticar las posiciones o sentencias o legislación abortista. Generalmente venía en la contratapa del diario, p. 24.
Entre corchetes y en negrita hemos puesto algunos detalles del objeto de algunos artículos, mostrando cómo los jueces y funcionarios y políticos han ido matando bebitos contra toda ley. De ese modo, nuestro Diario de Filosofía del Derecho, en la sección *Herodianas*, se convierte en una especie de denuncia de la marcha hacia el pretendido aborto legal, libre y gratuito que se nos quiere imponer hoy en la ley, y de la lucha por la vida].

1. "La nueva encíclica "Evangelium Vitae –Doctrina moral católica sobre la vida", en *El Norte*, San Nicolás de los Arroyos, 2 de abril de 1995, p. 17.
2. "Ética y contracepción (Un dictamen ético-jurídico)", en *Gladius*, nº 32, Buenos Aires, 1995, pp. 113/121. [Dictamen en el Comité de Ética del Hospital San Felipe, de San Nicolás]

3. "Una opinión sobre el proyecto de 'procreación elegida' ", en *El Diario*, Paraná, Entre Ríos, 4.8.96, sec. 2, p. (Luego en *Gladius*, 38, 1997).
4. "El fin no justifica los medios", [sobre aborto y secreto], *La Capital*, Rosario, 27.6.96 **[Es una defensa de la Pastoral del Arzobispo de Rosario criticando el fallo *Insaurralde, Cámara,* que favorecía el aborto]**
5. **Monografía.** "Discurso penal, garantismo y solidarismo" *El Derecho*, 10.11.7.96, t. 168, 1996, p. 147. [**Es una crítica al fallo de Cámara en *Zambrana Daza*]**
6. Recensión a Jorge Scala, *IPPF (Federación Internacional de Paternidad Planificada): la multinacional de la muerte*, JC ediciones, Rosario, 1995, 381 pp., en *Gladius*, Buenos Aires, nº 35, 1996, pp. 138/140.
7. "Actos intrínsecamente malos (Para el fundamento moral de la relación cultura- vida)", en *Philosophica*, Revista del Instituto de Filosofía de la Universidad Católica de Valparaíso (Chile), Ediciones Universitarias de Valparaíso, nº 19/20, 1996-7, pp. 53/60. **[El acto de matar directamente a un inocente es intrínsecamente malo; así sucede con el aborto. Por eso, aunque se salven mil personas con un aborto eso no justifica matar a ningún inocente. Pero, además, según la ciencia médica, nunca o casi nunca el aborto salva la vida de la madre.]**
8. "Procreación elegida", (dictamen sobre el proyecto de ley de la Provincia de Entre Ríos), en *Gladius*, nº 38, Buenos Aires, 1997, pp. 81/83.
9. **Monografía**. "Nuevo proceso penal , justicia y sentido común (Aportes sobre ´El juicio oral´)", primera y segunda parte, en *El Derecho*, Buenos Aires, 1998, t. 178, pp. 908/935; tercera parte en *El Derecho,* Buenos Aires, 1988, t. 179, pp. 908/915. **[Me parece que, fuera de Oderigo** años atrás, fui el único **escritor que cuestionó seriamente "el juicio oral", y el que más extensamente se ocupó del tema. Nunca nadie me respondió nada. Los juristas repiten masivamente "el dogma del juicio oral" y del**

acusatorio como "lo mejor" y lo único constitucional. Un disparate].

10. Recensión crítica a Julio César F. Machado, "Sexo con libertad", San Pablo, Buenos Aires, 1997, en "Cuadernos de espiritualidad y teología", nº 18, Centro San Jerónimo, Santa Fe de la Vera Cruz, 1997, pp. 276 / 278.
11. Aborto y secreto: la jurisprudencia de la Corte Suprema de la Nación", *La Capital*, Rosario, 2.5.98, p.9 **[Defensa con beneficio de inventario de *Insaurralde*, Corte santafesina]**.
12. "Defensa de la vida y del buen sentido", *Zeus*, Rosario, nº 6052, 16.11.98, t.78, p. J-311. **[Nueva defensa con beneficio de inventario del fallo de la Corte Suprema de Santa Fe en *Insaurralde*]**.
13. Reportaje al diario *La Capital*, de Rosario, 21-IX-1998, p. 6, previo al debate sobre el tema de aborto y secreto, con motivo del fallo *Insaurralde*, realizado ese día en el Instituto de Derecho Procesal Penal del Colegio de Abogados de Rosario. Debatimos con el Dr. Víctor Corvalán.
14. "Píldoras anticonceptivas: judicialmente prohibidas (El hecho y el comentario)", en *El Norte*, 12 de septiembre de 1999, p. 15. **[Sobre fallo primera instancia federal Córdoba prohibiendo píldoras abortivas del día después]**.
15. "Sentencia judicial", carta de lectores en *El Ciudadano*, Rosario, 22 de septiembre, 1999, p. 13. **[Sobre el citado fallo primera instancia federal Córdoba]. [El fallo fue contra los anticonceptivos que matan]**.
16. "Una sentencia novedosa contra ´medicamentos´ letales", en *El Diario*, Paraná, 10.10.99, sec. 2, p. 9. **[Sobre ibídem]**.
17. "Amparo contra paradójico ´ medicamento ´ mortífero ", - comentario a fallo (Juzgado Federal, Córdoba, 1ª instancia), *Doctrina judicial*, La Ley, Buenos Aires, año XVI, nº 10, 2 de febrero 2000, pp. 525/529. [El fallo fue contra los anticonceptivos que matan].
18. (Monografía) "Abortismo pretoriano (Observaciones. Primera parte)", en *ED*, 25.10.2000, n° 10.117; "Abortismo pretoriano (Observaciones. Segunda parte)", en *ED*, 1.11.2000, n° 10.122; "Abortismo pretoriano (Observacio-

nes. Tercera parte", en *ED*, 8.11.2000, n° 10.127; "Abortismo pretoriano (Observaciones. Cuarta parte)", 15.11.2000, n° 10.132. **[Es una crítica a los críticos del fallo Insaurralde, Corte Suprema de Santa Fe, Jorge Vázquez Rossi, Bidart Campos, y Andrés Gil Domínguez]. [Se comenta el caso de cuatro hospitales públicos y cuatro jueces que mataron en total 8 bebitos invocando que no estaba prohibido por el art. 86 del Código Penal. En el caso del Hospital de Tigre se mató al chiquito porque la madre tenía mala salud... Lógica herodiana desopilante].**

19. "Fallo inconstitucional", en *Semanario Jurídico*, nº 1301, Córdoba, 27.2.2000. **[Crítica al fallo de segunda instancia que revoca el anterior]**.
20. " ´Y llegarán a ser virtuosos´: Ley jurídica positiva penal y educación", en *Sapientia*, Pontificia UCA, Facultad de Filosofía y Letras, volumen LV, fascículo 207, 2000, pp. 533/539 **[Se explica un texto de Santo Tomás en que sostiene que de obrar por temor a las penas puede llegarse a la virtud].**
21. "¿Y el derecho de los niños? (Desamparo de la vida del ser humano no nacido" (en coautoría con Ana M. Mac Nally y Carlos M. Pedroche hijo), DFD 1, p. 20; 211-550 (2002). **[Píldora abortiva del día después].**
22. "Razonabilidad y normas ´de salud reproductiva´", **[Crítica de la ordenanza 14.483 de Vicente López sobre "Salud sexual y reproductiva". "Las normas miran como una enfermedad al embarazo". "La ordenanza preconiza métodos criminales"]**, ED, Diario de Filosofía del Derecho, nro. 4, ejemplar 10.643, 3-XII-2002, 211-945.
23. "La persona no es cosa" **[Derecho, aborto y anencefalia]**", en *La Capital*, Mar del Plata, 28.6.2001.
24. Recensión: "Un libro de urgente lectura" : Sobre *La IPPF (Federación Internacional de Paternidad Planificada): La multinacional de la muerte* , de Jorge Scala, JN, Rosario. En *"El Norte"*, 12.9.2001, p. 8.

25. "La doctrina del fruto del árbol venenoso (Observaciones)", *El Derecho*, n° 10.471, Suplemento de Derecho Penal y Procesal Penal, martes 26 de marzo de 2002, pp. 1-4;
26. "El fruto del árbol venenoso" I, en *Foro de Córdoba. Suplemento de Derecho Procesal*, nro. 13, pp. 25-40 y 14. Entiendo que apareció una segunda parte, que nunca pude conseguir;
27. "Dos magisterios penales: Ferrajoli y Pío XII", en *"El Derecho"*, n° 11.299, 14.VII.2005, pp. 1/3.
28. "Salvar vidas con el derecho penal (testimonio)", en Diario de Política Criminal, *El Derecho*, 8.IX.2005, n° 11.338, pp. 11/14. **[Fue la primera versión de la primera parte de este libro].**
29. "Inconstitucionalidad (Un libro sobre Constitución y aborto)" sobre el libro de STRUBBIA, Mario, *Aspectos constitucionales del aborto*, Nova Tesis, Buenos Aires, 2006; *Diario de Filosofía del Derecho, nro.* 11, 28-VI-2006; *ED*, 11, p. 24.
30. "¿Te acordás cuando nos protegía? (Reflexiones de un operador jurídico. La tenencia de drogas en el proyecto de reformas al Código Penal)", *El Derecho*, 24-X-2006, nro. 11.620, p. 5, t. 219-999. **[Primera versión de la segunda parte de este libro].**
31. Primer artículo inaugurando la sección "Herodianas", con el artículo "El gobierno mandó que lo maten en Mar del Plata", DFD 14, p. 24, 22-XI-2007, ejemplar nro. 11.889, 225-115 (2008). **["Sostener que porque una conducta determinada no tenga prevista pena en el Código Penal el Ministro de Salud Ginés González García puede dedicarse a matar es un disparate jurídico e incumplimiento de deberes de funcionario público"].**
32. "Homicidio en La Plata y una denuncia", (Sección "Herodianas"), ED, nro. 12.089, 12-IX-2008, 229-1025 DFD 15, p. 24. (2008). **[Sobre los intentos judiciales de matar chicos no nacidos]**.
33. Recensión a LAJE ANAYA, Justo, *Observaciones y críticas al Proyecto de Código Penal de 2006*, en *El Derecho Penal. Doctrina y jurisprudencia*, El Derecho, Buenos Aires, noviembre de 2008, nro. 11, p.92/94.

34. "Herodianas: Del lado menos pensado", DFD 16, p. 24. 24-XI-2008, 230-1092 (2009). **[Se encuentran elementos Provida en un artículo de *Página 12* y en un libro de Zaffaroni, con textos reproducidos parcialmente en el Apéndice 2].**
35. "Bioética, derecho y procreación asistida. Dignidad de los chicos ´sobrantes´", *La Capital*, Mar del Plata, 5-II-2009, p. 16.
36. "Herodianas. Del lado menos pensado 3", DFD 17, p. 24, 5-VI-2009, ejemplar 12.269, 232-958 (2008). **[Se comenta la paradoja de que se quiera evitar la ligadura de trompas a las mujeres argentinas indígenas, para no exterminar la raza. Pero se propicia la ligadura de trompas a las argentinas no indígenas].**
37. Boletín de Bioderecho: "Jurisprudencia y fecundación *in vitro*. (Estudio sobre dos casos judiciales)", en colaboración con Silvia Marrama y Mariano G. Morelli, DFD 18, p. 10, 18-XI-2009, ejemplar nro. 12.383 de la revista *El Derecho*, 235-1157 (2010)
38. "Los deportistas y los valores», *La Capital*, Mar del Plata, 19 de mayo de 2009, p. 16. **[Primera versión de parte de la Segunda parte de este libro]**
39. "La redefinición del derecho penal en Zaffaroni", en *Actualidad Jurídica-Revista Jurídica de Mar del Plata*, Legis, Universidad Fasta, Mar del Plata, 2009, pp 235/250.
40. "´Homomonio´, Constitución y amparo", artículo en coautoría con Carlos Gabriel Arnossi, con colaboración de Paula Chimento, *El Derecho, Suplemento de Derecho Constitucional, ED,* nro. 12.625, 10-XI-2010, pp. 1/8.
41. "Dos notas sobre ´homomonio´", I. Por qué nos oponemos; II. Defensa del derecho positivo y del buen sentido", en *Gladius*, nro. 78, agosto 2010, pp., 9/17. También publicados en *El Norte*, San Nicolás de los Arroyos.
42. Herodianas: "Noticias del futuro Tricentenario. Asesinatos de guante jurídico", en *DFD*, 19, 20-IV-2010, ejemplar nro. 12.486; 237-907 (2010). **[Se comenta el caso de cuatro hospitales públicos y cuatro jueces que mataron en total 8 bebitos invocando que no estaba prohibido por**

el art. 86 del Código Penal. En el caso del Hospital de Tigre se mató al chiquito porque la madre tenía mala salud... Lógica herodiana desopilante]

43. Y en *Gladius*, 78, pp. 151-154. " 'Homomonio': defensa del derecho y del buen sentido", en *La Nueva provincia*, Bahía Blanca, 2-VII-2010, p. 8.
44. "Mató mal el juez Lozada", en *Diario de Política Criminal de El Derecho*, nro. 12.515, 2-VI-2010, p. 9. **[Otro caso de "Abortismo pretoriano"]**
45. "Seguidilla" (Sección "Herodianas"), DFD 20, p. 24, ejemplar 12.703 de ED, 241-953 (2011). **[Se denuncia que después del "Homomonio" el gobierno de entonces -2011- lanza el plan del aborto. Que el periodista Hugo Morales por TV canal 9 dio cuenta de los métodos para practicar la matanza; pero también "antiherodianas": va a juicio oral la causa iniciada por Portal de Belén contra medicamentos abortivos; en Entre Ríos el Senado rechazó el aborto; la Academia de Medicina se pronuncia en igual sentido (30-IX-2010).**
46. "Herodianas. Hay también Antiherodianas", *ED* , 24-V-2011, ejemplar 12.756, en DFD 21, p. 24, 242-954 (2011). **[Se recibe un nuevo libro del P. Sanahuja denunciando el "Herodianismo"; y se saluda con alegría que en San Nicolás el Centro Cultural Padre Rafael Hernández logró la ordenanza que declara el Día del Niño por nacer. La VI Comisión Plenaria de la Comisión de Jóvenes abogados de la Federación Argentina de Colegios de Abogados defiende al niño desde la concepción, y que debe defendérselo con la ley penal. Concluyo la sección así: "Cosas pequeñas. Con la pequeñez de David. El que pegó aquel hondazo famoso"].**
47. "El garantismo abolicionista (A propósito de una crítica del profesor Favarotto)", en *El Derecho Penal. Doctrina y Jurisprudencia.* El Derecho, nro. 6, 2011, p.37.
48. El artículo fue respuesta a "¿Un derecho penal sin penas?", crítica que nos dirigiera Ricardo Favarotto, *El Derecho Penal. Doctrina y jurisprudencia,* de El Derecho, revista 3,

marzo de 2010. Creo que no hubo respuesta. **[Debatíamos si el abolicionista Zaffaroni era o no abolicionista].**"El número 23, el abortismo pretoriano y el 30 aniversario de Malvinas" (Directorial), DFD 23, p. 1, *DFD* , nro. 23 de la revista *ED*, 7-V-2012, ejemplar 12.990, 247-798 (2012).

49. "Tres víctimas del aborto", DFD 23, p. 21-22 ["**No parece coherente aplicar pena máxima de 10 años al que no informe que en ciertos productos está contenido un poquito de la especie vegetal llamada ´gluten de trigo´ (artículo 200 CP y ley 24.827), y dejar sin castigo la muerte aleve del bebé uterino". Las 3 víctimas son: El niño abortado, la madre que lo mató y la tercera la Argentina]**. Luego publicado en la revista *Gladius* y en otros lugares.
50. "...Pero el Movimiento Garantoabolicionista es manodurista sin garantías contra Los Dos Sectores", revista *Ethos*, nro. Buenos Aires, 2012. pp. 179/200. Es una réplica ampliada a Favarotto.
51. "La filosofía garanto-abolicionista del Anteproyecto de Código Penal y el número 28" (Directorial), DFD 28, p. 1, del 29-XII-2014, ejemplar 13.637, 260-990 (2014).
52. "Nuevo Anteproyecto penal garanto-abolicionista", DFD 28, p. 66 ss. 29-XII-2014, ejemplar 13.637, 260-990 (2014).
53. Recensión a ANZOÁTEGUI, Javier, *Breve explicación del principio de legalidad penal y de los juicios de lesa humanidad para uso de los niños* argentinos, Vórtice, Buenos Aires, 2015, 39 pp., bajo el título "A ver si lo entienden de una vez", en *Gladius* , nro. 89, Pascua de 2016, pp. 185/187.
54. "!Matadero ministerial" DFD 30, p. 12 28-XII-2015, ejemplar 13.881, **265-931 (2015). [Denuncio la matanza de inocentes siguiendo protocolos abortistas].**Las siguientes cuatro contribuciones obran en mi página académica y no se publicaron en papel.(http://ufasta.academia.edu/HéctorHernandez .
55. "Apología de la Justicia penal (I): Defensa larga de la prisión preventiva".
56. "Apología de la Justicia penal (II): Defensa corta de la prisión preventiva".

57. "Apología de la Justicia penal (III) - Denuncia contra el Garantoabolicionismo". Intervenciones en `Usina por la Justicia´, espacio promovido por la Dra. Diana Cohen Agrest, el 17 de diciembre de 2014 a las 9 horas en Dion Usina Cultural, Nicaragua 4899, Palermo, Buenos Aires, con algunos agregados.
58. "Apología de la justicia penal (IV). Contra la tiranía de la Corte Interamericana de Derechos humanos"
59. "Narcotráfico: respuesta de la justicia a ese flagelo". Intervención en el Congreso sobre Inseguridad y Narcotráfico organizada por el Movimiento por los Valores y la Familia, San Rafael, Mendoza, 3-VI-2016.

3. Libros próximos a salir

60. Violación de derechos en cadena (La Doctrina del fruto del árbol venenoso), [sigue la serie de trabajos en defensa del derecho penal auténtico, que aplica penas] entregado a la editorial Cathedra Jurídica, 2018.

Agradecimientos

A Carlos Arnossi, Josefina Castellano, Roberto Castellano, Mónica Del Río y Daniel Menazzi (Buenos Aires); Juan Manuel Clérico (San Francisco); Daniela Picart, Leandro Gómez y Florencia Schang (Tandil); Sebastián Sánchez (San Luis); Pablo Berarducci (San Miguel de Tucumán); Mario Caponnetto, Silvano Penna, Cristian Rodríguez Iglesias y el Centro Pieper (Mar del Plata); Enzo Di Fabio (Mendoza); Jorge Luis Re y familia Bucca (San Nicolás de los Arroyos); a mi familia. Ellos aportaron datos; en algunos casos leyeron el texto en distintas versiones; en otros redactaron borradores o firmaron apéndices; en otros me invitaron a hablar del tema; o me criticaron con toda lucidez y sinceridad; o me alentaron o curaron o apoyaron o aguantaron en "los dolores del libro"; o me acompañaron en la denuncia. Pido disculpas porque habrá sin duda omisiones.
Finalmente, a Juan Luis Gallardo, por su poesía y la ilustración de ella con Moisés, que se salvó de otra famosa matanza de inocentes.

PPAD